어떻게 알았고,
누구의 통찰인가?

어떻게 알았고,
누구의 통찰인가?

펴 낸 날 2023년 7월 31일

지 은 이 임광묵
펴 낸 이 이기성
편집팀장 이윤숙
기획편집 윤가영, 이지희, 서해주
표지디자인 이윤숙
책임마케팅 강보현, 김성욱
펴 낸 곳 도서출판 생각나눔
출판등록 제 2018-000288호
주 소 경기도 고양시 덕양구 청초로 66 덕은리버워크 B동 1708호, 1709호
전 화 02-325-5100
팩 스 02-325-5101
홈페이지 www.생각나눔.kr
이 메 일 bookmain@think-book.com

• 책값은 표지 뒷면에 표기되어있습니다.
  ISBN 979-11-7048-586-5(03100)

Copyright ⓒ 2023 by 임광묵, All rights reserved.
· 이 책은 저작권법에 따라 보호받는 저작물이므로 무단전재와 복제를 금지합니다.
· 잘못된 책은 구입하신 곳에서 바꾸어 드립니다.

| 임광묵 지음 |

어떻게 알았고, 누구의 통찰인가?

성경과 과학 간에 서로 소통데이터를 주고받을 수 있는
프로토콜protocol이 필요해 보입니다.
성경은 과학에, 과학은 성경에 이렇게 다시 묻습니다.

What perspective? Whose insight?

퀀텀 세계에서의
성경과 양자물리학의 조우
통찰력도 퀀텀점프QuantumJump 하는
최초의 생각

생각나눔

What perspective? Whose insight?

누군가에게는 재미있고, 누군가에게는 가치 있는 책을 쓰고 싶었습니다.

쉽지만 깊이도 있는 책을 쓰고 싶었습니다.

그러나 두려운 것이 두 가지가 있었습니다.

하나는 이성reason을 성경 아래에 두고, 가슴과 체험으로 받아야 하는 하나님의 말씀을 로직logic과 과학의 관점에서 통찰하는 것이 과연 마땅한가에 대한 의문이었습니다. 신앙은 철학이나 과학과는 다른 차원으로서, 논리적logical이고 합리적reasonal인 해석 그 이상에 존재한다고 생각하기 때문입니다.

또 하나는 세상에 이미 나와있는 생각이나 발견을 쓰게 될까 봐 두려웠습니다. 뒷북을 치는 것은 정크junk를 만드는 일에 동조한다고 생각하기 때문입니다. 유튜브YouTube의 복제되는 콘텐츠contents들, 맹목적인 밈meme, 근거 없는 포모FOMO 등 현대사회에서는 정보활동이 만들어내는 사용가치가 없는 정크junk 부산물이 쌓이고 있습니다.

그래서 검색하고 또 검색했습니다. 필자보다 앞서 한 번이라도 있었던 생각을 필터링filtering했고, 필자와 조금이라도 비슷한 통찰이 있다면 딜리트delete를 눌렀습니다.

필자는 신학자도, 과학자도 전혀 아닙니다.
궤변론자sophist처럼 필자의 통찰이 꼭 옳다고 주장하는 것은 더더욱 아닙니다.

필자는 대학과 대학원에서 경제와 경영을 전공했고, 연구직과 금융실무를 거쳐 현재 경제 애널리스트와 컨설팅 비즈니스에 종사하고 있습니다. 다양하고 복잡한 경제와 산업분석을 잘하기 위해서는 전공인 경제, 경영은 물론 지정학, 물리학, 통계학 등 다양한 학문에 대한 배경지식과 상식을 꾸준히 업데이트할 필요가 있었습니다.

경제사회 트렌드에 따라 4차 산업을 분석할 때는 반도체의 기초를 공부했던 것처럼, 미래의 양자컴퓨터를 이해하기 위해서 양자물리학을 공부하기 시작했습니다. 양자 현상들을 이해해 가면서 '어! 이것들은 성경에 있는 사건들과 비슷한데?' 하고 생각이 반짝할 때가 많았습니다. 양자물리학에는 크리스천인 필자가 성경의 하나님 말씀들이나 사건들에 대해 읽고 들었던 직간접적인 경험들과 오버랩overlap 되는 부분들이 많았던 것입니다.

그러나 이 책은 '하나님께서는 전지전능하시니까 무조건 다 알고 다 하실 수 있다.'를 전파하려는 목적이 아닙니다. 대신에 '전지전능한 하나님의 속성과 신비에 과학이 점점 더 다가가고 있다.'를 서술합니다. 이 책을 통해 창조주 하나님과 구세주 예수님께서는 참 진리이시며, 모든 것을 이미 알고 계셨을 '가능성'에 대해서 소통하려고 합니다.

혹시 필자와 같은 생각을 하는 사람들이 또 있을까 하여 필자에게 떠오른 생각과 관련한 내용을 검색해 보았습니다. 적어도 필자가 확인한 바로는 필자와 똑같은 통찰을 발견할 수가 없었고, 그 순간 이 책의 집필이 시작되었습니다.

이 책은 신앙서나 간증서가 아닙니다.

하나님의 존재와 전능하심에 대해 보지 않고도 이미 믿고 있는 우리 크리스천들에게는 그냥 양념과 같은 책입니다. 양념은 더해도 되고 더하지 않아도 됩니다. 어느 필요한 상황에서 진리라는 음식 위에 과학이라는 양념을 얹을 수 있습니다.

이 책은 과학서도 아닙니다.

보지 않고는 절대 믿지 못하는 비기독교인non-christian이나 모든 현상의 설명에는 인과관계cause and effect 증명이 전제되어야 한다는 과학주의자들에게는 그저 커피 브레이크coffee-break와 같은 책입니다. 커피는 휴식break과 각성wake-up작용을 줍니다. 과학과는 색다른 우주관과 편안하게 조우하는 시간이 될 수도 있습니다.

주관적으로 쓰지만, 객관적으로 평가받고 싶습니다.

현자도, 지성인도 어린아이의 작은 생각에서 배울 때가 있습니다.

철학자도, 과학자도 미생물의 작은 본능에서 깨달을 때가 있습니다.

필자의 작은 생각과 통찰이 이 책을 읽으시는 필자보다 훌륭한 많은 독자에게 보다 가치 있게 활용되기를 기도합니다.

2023년 7월

임광묵

Contents

필자에게 통찰을 주신 성경 말씀들

What perspective?

Whose insight?

통찰

01

빛의 절대성과 아인슈타인 패러독스paradox

: EPR 역설은 사실은 아인슈타인 역설

[창세기 1:3] 하나님이 이르시되 빛이 있으라 하시니 빛이 있었고

[요한복음 1:8] 이 빛에 대하여 증언하러 온 자라

[요한복음 1:9] 참 빛 곧 세상에 와서 각 사람에게 비추는 빛이 있었나니

[요한일서 1:5] 곧 하나님은 빛이시라

[야고보서 1:17] 그는 변함도 없으시고 회전하는 그림자도 없으시니라

[코펜하겐Copenhagen학파] 20세기 초 양자의 비국소성non-locality 과 얽힘entanglement을 주장한 닐스 보어Niels Bohr를 중심으로

하는 물리학의 한 계파

[EPR역설] 코펜하겐학파의 주장을 반박한 아인슈타인Einstein, 포돌스키Podolsky, 로젠Rogen 3인의 이니셜initial을 딴 논문 제목으로, 양자들도 떨어져 있으면 정보 전달에 시간이 필요하다는 물리적 국소성locality을 주장

[양자quantum] 빛의 기본입자인 광자photon나 전자electron 등을 일컫는 말로 광자나 전자처럼 미세한 물질들도 양적으로 셀 수 있다는 의미에서 붙여진 이름

[중첩superposition] 두 가지의 상태가 동시에 존재하고 있음을 의미

[얽힘entanglement] 아무리 멀리 떨어뜨려 놓아도 동시에 일어나는 현상

구약성경의 창세기에서 하나님께서는 태초의 공간에 빛을 가장 먼저 창조하십니다. 신약성경의 요한복음은 예수님은 빛이시며, 세례 요한은 그 빛을 증거 하러 왔다는 내용으로 시작됩니다. 세례 요한뿐 아니라 사도 요한 역시 복음서와 요한일서 등 서신서에서 하나님과 예수님을 참 빛이라고 반복적으로 서술합니다. 야고보서에서는 그림자가 없는 빛의 특징을 하나님의 특징으로 기술합니다. 그래서 성경을 자주 접하는 필자와 같은 크리스천들은 빛의 특별함speciality과 절대성absoluteness

에 자연스럽게 스며들듯이 익숙해져 있습니다.

한편 과학과 철학에서도 빛은 그 절대성을 인정받았습니다. 우주 전체에서 빛보다 빠른 것은 없다는 사실과 빛의 속도는 1초에 지구를 7.5회 돌 수 있는 약 30만km/s임이 과학적으로 증명, 확정, 세계 공표를 통해 지금은 상식으로 자리 잡았습니다.

특히, 많은 사람이 20세기 최고의 천재 과학자로 떠올리는 알버트 아인슈타인Albert Einstein은 빛은 특별한 존재로서 광원이 무엇이든지 상관없이, 그리고 관측자observer의 속도, 위치 등 운동 상태와 무관하게, 언제나 일정한 속도를 유지한다는 생각의 통찰력을 제시했습니다. 그는 빛의 속도의 절대성을 통찰함으로써 그 유명한 특수 상대성이론the special theory of relativity을 만들어냅니다.

특수상대성이론the special theory of relativity은 빛의 절대성으로 인해 시간도 팽창할 수 있고 공간도 수축될 수 있다는 4차원적인 통찰을 수학적으로, 실험적으로 증명하였습니다.

아인슈타인보다 300년 앞서, 3차원 거시세계의 물리현상을 대부분 완벽하게 설명해 낼 수 있었던 아이작 뉴턴Isaac Newton 의 만유인력Universal Gravity과 고전역학classical mechanics의 시대로부터 4차원 공간과 우주 세계까지도 설명할 수 있는 상대성이론 시대로 전환되는 과학적 퀀텀점프QuantumJump가 이루어진 것입니다.

그러나 아인슈타인이 이루어낸 과학적 퀀텀점프QuantumJump 는 과학적 우주관과 성경적 우주관 사이의 근본적인 사상적 갭gap을 좁힐 수 있는 터닝포인트turning point로 자리 잡는 데는 실패하였습니다. 과학과 성경과의 간극은 여전히 좁혀지지 못했습니다.

[시편 8:4] 사람이 무엇이기에 주께서 그를 생각하시며 인자가 무엇이기에 주께서 그를 돌보시나이까 그를 하나님보다 조금 못하게 하시고 영화와 존귀로 관을 씌우셨나이다
[욥기 38:21] 네가 아마도 알리라 네가 그때에 태어났으니 너의 햇수가 많음이니라
[다니엘 12:4] 다니엘아 마지막 때까지 이 말을 간수하고 이 글을 봉함하라 많은 사람이 빨리 왕래하며 지식이 더하리라

[고린도전서 13:10] 온전한 것이 올 때에는 부분적으로 하던 것
　　　이 폐하리라

[고린도전서 13:11] 내가 어렸을 때는 말하는 것이 어린아이와
　　　같고 생각하는 것이 어린아이와 같다가 장성한 사람
　　　이 되어서는 어린아이의 일을 버렸노라

[고린도전서 13:12] 우리가 지금은 거울로 보는 것 같이 희미하나
　　　그때에는 얼굴과 얼굴을 대하여 볼 것이요 지금은 내
　　　가 부분적으로 아나 그때에는 주께서 나를 아신 것
　　　같이 온전히 알리라

　창세기, 욥기, 시편, 다니엘, 고린도전서 등 성경의 많은 곳에서 말씀하시듯이 하나님께서는 인간을 특별하게 여기셔서 사람에게만 하나님에 버금가는 지적능력을 주셨습니다. 이 지적능력은 시간의 흐름과 플러스+, positive 상관관계correlation로서 세월의 햇수가 쌓일수록 사람의 지식이 풍부해지게 되어있다고도 말씀하십니다. 17세기 이후 절대적이었던 뉴턴의 만유인력 Universal Gravity으로도 설명하지 못하던 우주와 세계를 아인슈타인의 상대성이론Theory of Relativity으로 설명할 수 있게 되는 과학적 발전도 하나님께서 부여하신 인간 지식의 증가 흐름상에서 이루어지는 것입니다.

[창세기 1:3] 하나님이 이르시되 빛이 있으라 하시니 빛이 있었고

———

[첫 언급효과first mention effect] 먼저 제시된 정보를 중심으로 표상image의 기초를 형성하게 되는 효과. 초두효과Primary effect라고도 함

창조주the Creator 하나님께서 천지 창조 공간에 만물 중에 가장 먼저 창조하신 것은 빛입니다. '첫 언급효과first mention effect'는 표상image의 기초를 형성하게 해줍니다. 이것은 빛이 모든 우주 질서와 자연법칙의 기초와 기준이 되었을 것이라는 합리적 추론rational reasoning을 가능하게 합니다. '최초'라는 것은 시작과 절대성absoluteness을 의미하는 것이기 때문입니다.

또한 피조물creation의 세계, 즉 온 우주의 사물은 빛이 있어야만 관측observation이 가능합니다. 전자현미경으로 볼 수 있는 아주 작은 것들도 빛이 있어야만 눈의 시각신경으로 관측할 수 있습니다. 그래서 빛이 먼저 창조되어야만 빛 이후 피조물들의 존재를 눈으로 확인할 수 있는 것입니다. 즉, 빛에 의해서만 빛 이후 피조물들의 존재 사실과 의미가 비로소 확인될 수 있

는 것입니다. 또한, 많은 과학자는 먼 우주로부터 날아온 빛을 분석함으로써 우주의 나이를 계산하고 있습니다. 과학자들 역시 빛이 우주의 시작임을 우회적으로 인정하고 있는 모습인 것입니다.

하나님께서 모든 피조물을 창조하셨다는 것은 모든 피조물을 존재하게 하셨다는 의미입니다. 그런데 그 존재의 사실과 의미를 빛이 있어야만 확인할 수 있다는 것은 하나님과 빛 사이의 가장 오래된 관계, 즉 가장 가까운 친밀성으로도 해석이 가능합니다. 초대교회 시대의 아우구스티누스Augustinus 이래 현대까지도 성부·성자·성령, 즉 하나님의 삼위일체Trinity를 피조물을 사용하여 궁색하게나마 이해를 돕도록 설명하는 모형으로써 태양빛이 사용됩니다. 태양을 성부 하나님으로, 지구에 도달한 빛을 예수님으로, 빛의 열에너지 작용을 성령님으로 비유하는 것입니다. 이처럼 하나님과 예수님을 다른 피조물이나 다른 물질이 아닌, 가장 최초의 피조물인 빛으로 묘사할 때가 논리인과 관계적으로도 가장 자연스러운 이해로 다가옵니다.

[로마서 1:20] 창세로부터 그의 보이지 아니하는 것들 곧 그의 영원하신 능력과 신성이 그가 만드신 만물에 분명히 보여 알려졌나니 그러므로 그들이 핑계하지 못할지니라

[골로새서 2:8] 누가 철학과 헛된 속임수로 너희를 노략할까 주
의하라 이것이 사람의 유전과 세상의 초등학문을 좇
음이요 그리스도를 좇음이 아니니라

[욥기 37:23] 전능자를 우리가 찾을 수 없나니 그는 권능이 지
극히 크사 정의나 무한한 공의를 굽히지 아니하심이
니라

[욥기 37:24] 그는 스스로 지혜롭다 하는 모든 자를 무시하시느
니라

필자는 성경과 과학이 공히 빛의 절대성을 인정하고 있다는
사실에서 한 번 크게 놀랐습니다. 그러나 이보다 과학이란 이
름으로 빛의 절대성을 강조한 아인슈타인이 하나님이라는 단어
는 '나약함의 산물'이라고 말하면서 그가 죽을 때까지 하나님의
존재를 인정하지 않았다는 사실에서 또 한 번 더 크게 놀랐습
니다.

아인슈타인은 전자electron 이하의 미시적 물질세계에는 거
시세계와 다른 중첩superposition, 얽힘entanglement 등 신기한
현상이 존재하고 있다는 코펜하겐Copenhagen학파들의 견해를
'EPR 패러독스'라는 논제로써 공격하면서 '코펜하겐학파는 모

순적'이라고 주장했었습니다. 그러나 아인슈타인의 EPR 패러독스는 후세 과학자들의 증명실험으로 과학적 탄핵impeachment을 맞이합니다.

　20세기 최고 천재 과학자의 '물질 집착'이 낳은 세기의 아이러니irony이며, 필자는 '아인슈타인 패러독스paradox'라고 명명해 봅니다. 빛의 절대성absoluteness of light과 상대성원리Theory of Relativity라는 우주 법칙에 가장 가깝게 다가간 세계 최고의 과학자가 성경 또는 하나님으로부터 아인슈타인 본인 스스로와의 거리는 정작 더 멀어지도록 넓혀버렸다는 사실이 필자에게는 역설적으로만 들리기 때문입니다.

통찰

02

피할 수 있었던 '입자particle냐 파동wave이냐' 논쟁

: 예수님이 보여주신 빛의 이중성duality of light

[입자] 질량과 함께 충돌 시 튕겨 나가게 하는 운동에너지를 동시에 가지고 있음

[파동] 물결처럼 일정한 굴곡의 형태로서 에너지는 있으나 질량은 없음

[간섭효과interference effect] 빛이나 소리 등 파동이 서로 겹쳐져서 작용하여 강해지거나 약해지는 현상을 간섭효과interference effect라고 하며, 강해지는 보강간섭constructive interference과 약해지는 상쇄간섭destructive interference으로 구분됨

[파동입자이중성wave particle duality] 파동과 입자의 성질을 동시에 갖고 있음, 주로 양자의 이중성이나 빛의 이중성 등을 의미함

[**광전효과**photoelectric effect] 빛의 입자성으로 인해 빛에 맞은 물체의 전자가 튕겨 나오는 현상으로, 알버트 아인슈타인이 최초로 발견하여 노벨 물리학상을 수상함

2천 년 이상을 아리스토텔레스Aristoteles를 비롯한 많은 철학자와 과학자들은 빛의 입자particle성과 파동wave성을 두고 대격돌을 벌여왔다고 합니다. 17세기 영국의 물리학자였던 아이작 뉴턴Isac Newton의 만유인력Gravitation의 발견은, 물리 역학의 수리적 증명을 강조한 그의 저서인 『프린키피아Principia』가 고유명사가 된 것에서도 알 수 있듯이 당시 과학계에서 최고의 권위를 인정받았습니다. 당시 최고 권위의 뉴턴이 빛의 입자설을 지지하면서 입자설에 대한 반박이나 부정의 분위기는 상당 기간 수면 아래로 잠수합니다.

이후 18세기 물리학자 토마스 영Thomas Young의 이중슬릿double slit실험과 빛의 간섭효과interference effect의 증명은 빛의 파동설을 그 이후 200년 가까이 물리학에서 지배적인 위치에 올려놓습니다.

그러나 20세기의 혁명적인 천재 과학자 알버트 아인슈타인

의 등장은 다시 전세와 판도를 바꾸어 놓습니다. 아인슈타인이 광전효과photoelectric effect의 발견으로 노벨 물리학상을 받으면서 빛의 파동이면서 동시에 입자임이 완벽하게 증명됩니다. 또한, 한 시대를 풍미했던 맥스웰Maxwell, 빈Wien, 프랑크Frank 등 유명한 물리과학자들은 각각 빛의 파동설과 입자설을 지지하는 증명들을 경쟁적으로 도출하기도 합니다.

이렇게 단속적으로in fits and starts 계속되었던 현자들의 설전과 증명의 역사를 가지고 있는 양자물리학quantum physics은 빛의 광자photon, 전자기파electromagnetic wave의 전자electron 등 이른바 양자quantum들은 파동과 입자의 성질을 동시에 갖고 있다는 양자의 이중성duality of quantum을 현재의 정설로 하고 있습니다. 지금은 빛이나 전자가 입자인지 파동인지를 아무도 묻지 않습니다.

[누가복음 24:31] 그들이 눈이 밝아져 그인 줄 알아보더니 예수는 그들에게 보이지 아니하시는지라

[누가복음 24:39] 영은 살과 뼈가 없으되 너희 보는 바와 같이 나는 있느니라

[누가복음 24:43] 받으사 그 앞에서 잡수시더라

[요한복음 20:19] 이 날 곧 안식 후 첫날 저녁때에 제자들이 유

대인들을 두려워하여 모인 곳의 문들을 닫았더니 예
수께서 오사 가운데 서서 이르시되

철학자들과 과학자들이 2천 년 이상을 돌고 돌아서 어렵게
찾아낸 빛의 이중성duality of light을 2천 년 전에 참 빛으로 오
신 예수님께서는 실제 부활 몸the Resurrection body을 사용하여
직접적으로 보여주셨습니다. 과학에 관심이 없는 크리스천들
도 예수님께서 부활 이후 40일 동안 사람들에게 보여주신 부
활 몸the Resurrection body이 입자성과 파동성을 동시에 갖고 있
었다는 사실을 대부분 인지하고 있을 것입니다. 누가복음, 요한
복음 등 성경 말씀들에서 알 수 있듯이 예수님은 부활 후 눈에
보이는 물질의 입자성을 가지고 십자가에 못 박힌 그대로의 육
체로 나타나셔서 음식까지도 드십니다. 한편 문이 닫혀있는 방
의 벽을 통과해서 나타나시는 등 부활한 육체의 파동성을 보여
주셨습니다. 아마도 소돔과 고모라에 현현했던 천사들이 그랬
던 것처럼 사후에 부활한 예수님의 육체도 영적인 특징을 함께
갖고 있는 것이라고 크리스천들은 자연스럽고 당연하게 받아들
입니다. 비슷한 장면을 연출하는 현대의 공상과학영화들은 현
대 과학의 통찰력을 차용하여 제작되는 것들입니다. 그러나 차
용할 만한 과학이론조차 없었던 2천 년 전 예수님 당시에, 예

수님께서 부활 육체로 직접 시현하신 입자와 파동의 이중성 현상들은 실제로 목격한 것이 아니고서는 지어낼 수 있는 상상조차 결코 불가능했을 것입니다.

[요한복음 1:8] 이 빛에 대하여 증언하러 온 자라
[요한복음 1:9] 참 빛 곧 세상에 와서 각 사람에게 비추는 빛이 있었나니
[요한일서 1:5] 곧 하나님은 빛이시라

필자가 주장하고자 하는 통찰은 단순히 예수님의 부활하신 몸이 입자성과 파동성을 동시에 갖고 있었다는 것이 아닙니다. 대신에 요한복음을 비롯한 성경의 여러 곳에서 거시적인 세계에 육체를 가지고 오신 하나님이신 예수님을 빛으로 묘사하고 있다는 사실에 방점을 두는 것입니다.

물론 성경에서 하나님이나 예수님을 빛이라고 표현하는 것은 사탄, 죄, 악 등 어둠으로 상징되는 세력과 대비되는 존재이심을 상징하고 있음은 너무도 당연합니다. 다만 우연인지는 모르겠으나 빛이신 예수님의 부활 몸이 빛의 물리적 성질을 그대로 동일하게 시현해 주었다는 점에서 필자는 빛의 중의적 의미를 생각해보는 것입니다.

헬레니즘과 스토아철학이 대세였던 2천 년 전 그 시대에 성경은 예수님을 물, 불, 공기, 흙 등 다른 물질이 아닌 빛이라고 꼭 집어 명명했습니다. 그간의 철학자나 과학자들이 성경을 알고 빛이신 예수님이 사람의 몸으로 이 땅에 오셨다는 성경 말씀을 진리로서 믿고 있었더라면, 예수님의 부활 몸의 특징으로부터 서로 논쟁하지 않고도 빛의 이중성을 보다 빨리 이해하는 통찰이 가능했을 것입니다.

역사에서 가정이라는 것은 무의미하다는 말이 있습니다만 그럼에도 불구하고 필자가 말하고 싶은 것은 역사 속의 철학자들이나 과학자들이 성경을 잘 이해했더라면 역사가 어떻게 달라졌을까에 대한 것입니다. 성경은 하나님과 예수님을 빛이라고 묘사하고 있다는 점과 부활 후 예수님이 보여주신 부활 몸의 특징들에서 철학자들이나 과학자들이 빛의 이중성에 대한 영감을 얻었더라면 역사가 어떻게 달라졌을까를 말하고자 하는 것입니다. 즉, 빛이신 예수님이 보여주신 부활 육체의 입자와 파동 이중성을 통해 빛의 입자 파동 이중성을 좀 더 빨리 과학적으로 통찰했더라면 수많은 철학자와 과학자들이 빛의 입자설 또는 파동설의 양자택일을 위해 2천 년 이상이나 소모전을 벌이지 않아도 되었을 것입니다.

빛 입자인 광자나 전자의 이해가 '왜 예수님을 빛이라고 했을까?' 또는 '예수님이 어떤 빛의 물리적 특징을 보여주신 걸까?' 하는 의문으로부터 영감을 받았다면 광자나 전자가 펼쳐낸 현대 과학과 현대 문명의 발달이 어쩌면 지금보다 훨씬 앞당겨지는 것도 가능했을 것입니다.

[욥기 38:21] 네가 아마도 알리라 네가 그때에 태어났으니 너의 햇수가 많음이니라

[고린도전서 13:12] 우리가 지금은 거울로 보는 것 같이 희미하나 그때에는 얼굴과 얼굴을 대하여 볼 것이요 지금은 내가 부분적으로 아나 그때에는 주께서 나를 아신 것 같이 온전히 알리라

[골로새서 2:8] 누가 철학과 헛된 속임수로 너희를 노략할까 주의하라 이것이 사람의 유전과 세상의 초등학문을 좇음이요 그리스도를 좇음이 아니니라

필자는 과학자들이 성경에 과학의 길을 한 번쯤 물었어야 한다고 생각합니다. 욥기 38장, 고린도전서 13장 등 성경에서는 사람이 지식을 깨닫게 되는 데에는 햇수가 필요하다는 암시가 있습니다. 그러므로 오랜 시간을 돌고 돌아 빛의 이중성을 뒤

늦게 확인한 것은 인류의 자연스러운 역사일 수도 있습니다. 그러나 물질의 근원을 절대자와 동일시했다는 2천 년 전 당시의 스토아철학이 성경의 진리 됨에 대한 최소한의 믿음만이라도 있었더라면 골로새서에서처럼 사도바울이 그들의 학문을 '세상의 초등학문'이라고 표현하지는 않았을 것입니다.

통찰

03

충격!
2,000년 전 최초의 사고실험^{thought experiment}

: 낙타와 바늘귀

[마태복음 19:24][마가복음 10:25][누가복음 18:25] 낙타가 바늘귀로
들어가는 것이 부자가 하나님의 나라에 들어가는 것
보다 쉬우니라

[마태복음 19:25][마가복음 10:26][누가복음 18:26] 제자들이 듣고
놀라 이르되 그렇다면 누가 구원을 얻을 수 있는가
하니

[마태복음 19:26][마가복음 10:27][누가복음 18:27] 사람으로서는 할
수 없으나 하나님으로서는 다 하실 수 있느니라

[**사고실험**thought experiment] 실험실이나 장치를 사용하지 않고 머릿속으로 단순화하여 추론하는 실험, Gedankenexperiment라고도 부름

[**슬릿**slit] 빛이나 전자 등을 통과시키는 실험에 사용하는 아주 작은 틈

마태복음, 마가복음, 누가복음 등 복음서에서 보면 다른 사람도 아닌 예수님께서 직접 제자들에게 "부자가 천국에 가는 것은 낙타가 바늘귀를 통과하는 것보다 어렵다"고 말씀하십니다. 이에 다시 제자들은 "그렇게 어려운데 누가 어떻게 천국에 갈 수 있느냐"고 반문합니다. 성경을 읽은 대부분 사람은 '낙타와 바늘귀' 이야기를 아주 어렵고 불가능한 일에 대해 강조한 예수님의 비유 중의 하나로만 인식하고 있는 듯합니다. 그러나 필자는 단지 어렵다는 것을 강조하는 것만을 위해서였다면 다른 비유로도 가능하지 않았을까 하는 생각을 했습니다.

예수님께서 행하신 '물로 포도주를 만드신 일', '오병이어의 기적', '물 위를 걸으신 일', '병 고침' 등 수많은 능력은 모두 다 어려운 일들입니다. 지금도 그렇지만 당시에는 더더욱 누구도 할

수 없는 초자연적 능력으로만 여겨졌을 이 사건들이 현대 들어 각각 화학반응, 복제, 부력 또는 자기력, 심리치료 등 현대 과학적 메커니즘mechanism으로 그 가능성이 일부 규명되었습니다. 이에 따라 아주 불가능하여 '아마도 지어낸 이야기일 것이다.'에서 지금은 '일정 조건을 전제로 가능할 수도 있을 것이다.'로 사람들의 인식의 스탠스stance가 바뀌었습니다. 성경의 기적들이 막연하게나마 가능할듯하게 여겨지도록 하는 분위기를 과학의 발전이 만들어가고 있는 것입니다.

[욥기 38:21] 네가 아마도 알리라 네가 그때에 태어났으니 너의
　　　　　햇수가 많음이니라
[요한복음 20:29] 보지 못하고 믿는 자들은 복 되도다
[민수기 23:19] 하나님은 인생이 아니시니 식언치 않으시고

전능하신 예수님께서는 아마 그 당시에도 이미 알고 계셨을 이적의 메커니즘을 사용하여 이적을 보이셨을 것입니다. 욥기 38장처럼 사람은 햇수와 지식의 누적을 통해 늦게나마 하나님의 비밀 일부를 찾아내는 능력을 발휘하게 되는데, 사람은 이것을 과학이라고 부릅니다. 아주 오랜 시간이 걸려서라도 하나님의 능력의 일부나마 과학적, 지식적으로 그 방법이 찾아질

때마다, 보지 않고서는 절대로 믿지 못하는 사람들에게 성경의 진실성과 진리성에 대한 증명과 증거가 제공되곤 합니다. 물론 하나님께서는 요한복음 20장에서처럼 "보지 않고 믿는 자가 더욱 복되다"고 말씀하고 계십니다.

다시 '부자와 낙타' 이야기로 돌아옵니다. 필자가 주목하는 부분은 예수님께서 '부자가 천국에 들어가는 것은 낙타가 바늘귀를 통과하는 것처럼 불가능하다.'라고 말씀하시지 않았다는 부분입니다. 누가 생각해도 낙타가 바늘귀를 통과하는 것은 불가능합니다. 그러니까 제자들도 놀라면서 "그렇게 어렵다면 누가 천국에 갈 수 있겠느냐"고 반문하고 있습니다.

그런데 여기에 조금 이상한 부분이 하나 있습니다. "그렇게 어렵다면 누가 천국에 갈 수 있겠느냐"는 제자들의 반문에 예수님께서는 '이런 사람 또는 저런 사람이 천국에 갈 수 있다.'라고 질문의 의도에 부합하는 대답을 하시지 않습니다. 대신에 갑자기 "사람은 할 수 없어도 하나님은 그것을 하실 수 있다"고 대답하십니다. 제자들의 질문과 다소 미스매치mismatch 상황으로 보이는 부분입니다. 즉 한 단계 건너뛰어 대답을 하시는 듯 자연스럽지 않은 느낌이 있습니다. 돌연 '낙타가 바늘귀를 통과

할 수 있다'는 것을 강조하는 듯한 분위기로 대화가 바뀌는 순
간입니다.

　하나님과 예수님께서 행하신 여러 다른 기적들이 현대과학
의 발달과 함께 조건부적으로 그 메커니즘이 규명되기도 하고,
창조과학계에서는 그 메커니즘을 구현하기도 합니다. 또 신학
자들이 2~3천 년을 비유 상의 도시라고 주장했던 성경 요나
와 나훔의 '니느웨' 같은 도시가 20세기 고고학자들에 의해 실
존했던 도시로 밝혀지기도 합니다. 그래서 필자는 '낙타와 바늘
귀' 비유가 단순히 어려움을 강조 또는 과장하기 위한 비유만
은 아닐 수도 있다는 생각을 했습니다. 성경의 다른 이적이나
비유들과 마찬가지로, '낙타가 바늘귀를 통과하는 것'도 사람들
이 그 메커니즘을 과학적으로 상상할 수 있는 날이 언젠가 미
래에 올 것을 예수님께서 이미 염두에 두시고 사용하신 비유일
수도 있습니다. 필자는 예수님의 말씀은 비유일지라도 문자 그
대로의 해석으로도 유의적meaningful일 뿐만 아니라, 진리에서
벗어나지 않는 절대적인 중의성semantic ambiguity을 동반하고
있을 것이라고 생각합니다. 예수님께서 사람의 영생을 두고 하
신 진지한 말씀을 '달변가의 비유' 정도로 폄하할 수가 없기 때
문입니다.

바늘귀를 통과하는 낙타의 이미지와 빛의 간섭효과를 증명해 낸 토마스 영의 이중슬릿double slit 실험의 이미지는 묘하게 닮은 모티브motive를 갖고 있습니다. 특히 바늘귀의 모양은 슬릿의 모양과 아주 유사합니다. 필자는 '그렇게 어렵다면 누가 천국에 갈 수 있겠느냐'는 제자들의 반문에 대한 '하나님은 하실 수 있다'는 예수님의 대답을 '하나님은 이미 양자역학quantum dynamics을 알고 계시다'로 치환해서 읽어봅니다.

낙타 몸을 구성하고 있는 양자quantum들이 빛 광자나 전자처럼 순식간에 잠시 파동의 성질로 통과한 후, 다시 순식간에 질서대로 모일 수만 있다면 충분히 가능한 조건부 메커니즘입니다.

그러나 '낙타의 양자가 분해되어 파동처럼 움직이는 사이 낙타의 생명이 유지될 수 있겠는가?' 하는 의문이 생깁니다. 양자세계에서는 이미 확인된 것처럼, 낙타를 구성하는 양자의 움직임 속도가 너무 빨라서 '생명의 단절시간'을 초월할 수만 있다면 가능해집니다. 영화나 애니메이션animation 필름이 아주 빨리 넘어가는 사이 우리 눈으로는 연속 동작으로 포착하는 것과 비슷한 원리입니다. 또는 '유기적organic', '에너지 시스템적energy systematic' 정보를 담고 있는 낙타 몸의 원자나 전자 등 양자 하나하나의 정보를 정확히 알고 있다면 다시 살아있는 낙타 몸으로 환원시키는 양자 재조합도 가능할 것입니다.

필자는 예수님의 '낙타와 바늘귀' 비유가 2,000년 전에 최초로 구상된 양자역학 사고실험thought experiment은 아니었을까 하는 상상을 하는 것입니다.

통찰

04

소리와 빛 그리고 행복한 상상 하나

: 0만 아니면 천국에서는 황홀할 수 있다

[요한복음 1:8] 이 빛에 대하여 증언하러 온 자라

[요한복음 1:15] 요한이 그에 대하여 외쳐 이르되 내가 전에 말
하기를 내 뒤에 오시는 이가 나보다 앞선 것은 나보다
먼저 계심이라 한 것이 이 사람을 가리킴이라 하니라

[요한복음 1:23] 나는 선지자 이사야의 말과 같이 주의 길을 곧
게 하라고 광야에서 외치는 자의 소리로라 하니라

[누가복음 3:4] 선지자 이사야의 책에 쓴 바 광야에서 외치는
자의 소리가 있어

[요한복음 1:27] 나는 그의 신발 끈을 풀기도 감당하지 못하겠노
라 하더라

일상에서도 우연치고는 신기한 일들이 많이 있습니다. 하나님 말씀인 성경은 특별한 책이기에 사건 하나하나를, 비유 하나하나를 반추rumination해 보다 보면 단순히 우연이라고 넘기기에는 필연처럼 느껴지는 상황들이 아주 많습니다. 설령 우연한 일에 대한 필자의 과도한 상상력일지라도 '그렇게 볼 수도 있겠구나!' 하고 양념처럼, 커피처럼 가볍게 읽어 넘긴다면 통찰 훈련insight training이 될 수도 있습니다.

요한복음, 누가복음을 비롯한 복음서에서 세례요한은 자신을 메시아이신 예수님을 증거 하기 위해 나온 '광야의 외치는 소리'라고 표현했습니다. 세례 요한은 예수님보다 6개월을 먼저 태어났음에도 불구하고, 예수님이 자신보다 먼저 계셨고, 자신은 예수님의 '신발 끈'을 풀기도 감당하지 못하겠다고 말을 합니다.

'예수님은 세례 요한을 보내신 하나님이시며, 세례 요한은 지금 선지자의 임무를 하고 있습니다.' 이렇게 말하는 대신에 예수님을 '빛'이라고, 세례요한을 '소리'라고 표현하고 있는 것입니다. 필자는 왜 성경이 그렇게 말하고 있는지가 궁금합니다. 만약 세례 요한을 '티끌'이라고, 예수님을 '산'이라고 표현했더라면 어땠을까 하는 상상을 해봅니다. 그랬을지라도 세례 요한과 비교가 안 되는 예수님의 절대성이나 예수님의 권위는 어느 정도 전달될 수 있었을 것입니다.

소리나 빛의 물리적 정체성이 정확하게 밝혀지지 않았던 2천 년 전에, 절대자이신 예수님을 절대적인 속도를 갖고 있는 빛이라고 규정하고, 세례 요한을 소리라고 규정하였습니다. 이렇게 대비시킨 것을 우연이라고 치부하기에는 현대과학에서 비로소 밝혀진 소리와 빛의 '물리적 정체성physical identity', 즉 물리량의 대비가 당시의 '비유적 대비'와 완벽하게 맞아 떨어지는 물리 현상적 상황이 하나 있습니다.

당시는 '1초당 30만km'에 육박하는 광속과 '1초당 340미터'의 음속이 아직 정확하게 밝혀지지 않았을 때입니다. 현대에서도 음속 비행sonic fight이 사람의 영역이라면 광속 비행lighting flight은 아직 신의 영역입니다. 세례요한은 예수님의 신발 끈을 풀기도 감당하기 어렵겠다고 말했습니다. 예를 들어 소리의 속도로 예수님의 신발 끈을 풀려고 몸을 숙이는 순간 예수님께서 광속으로 '휙' 지나가신다면 신발 끈을 잡을 수도 없을 것입니다. 아니, 볼 수도 없을 것입니다. 신발 끈을 풀기도 감당하지 못하겠다는 세례 요한의 말이 예수님을 향한 경외심의 표현이라는 것은 필자도 알고 있습니다.

필자가 이야기 하고 싶은 것은, 실체가 분명하지만 따라잡으려 해도 잡을 수 없는 하나님의 절대성과 불확정성입니다. 하나님은 그런 분이십니다. 아인슈타인의 특수상대성 이론에서는 우주선의 속도로 빛을 쫓아가도 빛의 속도는 그대로 30만km/sec로 측정된다고 합니다. 요한의 소리 속도로 아무리 쫓아가도 예수님의 빛의 속도는 절대적으로 거리를 유지합니다. 소리와 빛은 처음부터 비교가 될 수 없는 설정입니다. 성경의 당시 사람들은 세례 요한과 예수님을 선지자로서 비교하였지만, 사실은 비교가 불가능한 관계임을 세례 요한은 잘 알고 있었습니다. 소리와 빛의 물리성도 그 관계를 잘 대유synecdochism해 주는 것이 우연이라고 하기에는 참 신기합니다.

[마태복음 11:11] 여자가 나은 자 중에 세례 요한보다 큰 이가 일
　　　　　　　어남이 없도다 그러나 천국에서는 지극히 작은 자라
　　　　　　　도 저보다 크니라
[누가복음 7:28] 여자가 나은 자 중에 요한보다 큰 이가 없도다
　　　　　　　그러나 하나님의 나라에서는 극히 작은 자라도 저보

다 크니라

[**등가원리**principle of equivalence] '가속도 운동이 만드는 힘과 중력은 사실상 구분이 불가능하다', '물질과 에너지의 합은 일정하다.' 등 같은 값으로 인정되어 치환할 수 있는 관계

한편 예수님께서는 세상에 태어난 사람 중에 세례 요한만한 사람이 없지만, 천국에서는 극히 작은 사람도 세례 요한보다 낫다는 말씀을 하십니다. 이 말씀은 칭찬으로 "비행기를 태웠다가 높은 곳에서 떨어지게 하다."라는 속담처럼 세례 요한을 우주선을 띄우듯이 최고라고 칭찬하신 후 천국에서는 가장 못 한 사람으로 수직낙하운동을 시키는 물리적 운동physical movement을 연상케 합니다. 그러나 예수님께서 설마 세례 요한에게 이런 물리적 운동을 가했을 리는 만무할 것입니다. 맥락도, 논리도 맞지가 않습니다. 아마도 천국에서의 지극히 작은 자의 형편이 이 땅에서의 어떤 좋은 형편보다도 더 나을 것이라는 의미를 담고 있는 듯합니다. 다른 신학적 해석도 가능하겠지만, 필자는 예수님께서 그만큼 천국은 좋은 곳임을 알려주시는 것으로 이해합니다.

예수님의 진의와는 별개로 우주선과 수직낙하라는 물리적 상황을 연상케 하는 예수님의 말씀들에서, 필자는 재미있는 상상을 하나 해보았습니다. 절대적이신 하나님의 행복도degree of happiness를 백으로 할 때 '천국에서 지극히 작은 자가 느끼는 행복감은 어느 정도가 될지'를 추정해 보는 물리적 상상입니다.

예수님의 세례요한을 '세상에서 가장 높은 자'로 띄워 올린 우주선의 가속운동과 '천국에서 가장 작은 자'로 낮추신 수직 낙하운동은 공교롭게도 모두 중력과 관계합니다. 필자가 공교롭다고 표현하는 것은 가속도와 중력 사이에는 서로 치환이 가능한 등가원리principle of equivalence가 존재하기 때문입니다.

등가원리에서 힌트hint를 얻어 천국에서의 행복감의 비율을 물리량의 비율로 치환할 수 있다고 가정한다면, 천국 사람들의 상대적 행복도relative degree of happiness를 가늠해 볼 수 있다는 재밌는 상상이 가능합니다. 요한의 물리량은 소리의 속도이고, 하나님의 물리량은 빛의 속도입니다. 따라서 세례 요한의 천국 행복 계수coefficient는 340m/30만km입니다. 천국에서 가장 작은 자가 이 땅에서 최고인 세례 요한보다 낮다고 하셨으니, 따라서 천국 사람들의 천국 행복 계수는 최소한

340m/30만km 이상이라는 것을 쉽게 알 수가 있습니다.

작은 수라는 의미에서 사용되는 '1도 없다.'라는 일상
의 시쳇말buzz word만을 생각해 보아도 1보다도 훨씬 작은
0.00000113 정도에 불과한 340m/30만km라는 수치는 지극
히 작고 아주 미세한 수치임에는 분명한 것 같습니다. 하지만
이 수치에 곱해지는 대상은 '무한하고 지극히 크신 하나님께서
주시는 절대적 행복감'입니다. 하나님께서는 상상할 수 없을 만
큼 크고 완벽하시기 때문에 사람의 상대적 천국 행복 계수가
아무리 작아도 0만 아니라면 그 절대적 행복감은 아주 커지게
됩니다. 즉, 천국에 들어갈 수만 있다면 지극히 작은 사람이라
도 누릴 수 있는 형언할 수 없이 황홀한 행복감의 정도를 물리
적으로 상상할 수 있는 것입니다.

통찰

05

복잡한 예언서보다 더 복잡한
다중우주^{Multi Verse}론

: 슈뢰딩거^{Schrodinger} 고양이는 도대체 몇 마리가 필요할까?

[고린도전서 12:8] 어떤 사람에게는 성령으로 말미암아 지혜의
말씀을, 어떤 사람에게는 같은 성령을 따라 지식의
말씀을

[고린도전서 12:9] 다른 사람에게는 같은 성령으로 믿음을, 어떤
사람에게는 한 성령으로 병 고치는 은사를

[고린도전서 12:10] 어떤 사람에게는 능력 행함을, 어떤 사람에
게는 예언함을, 어떤 사람에게는 영들 분별함을, 다
른 사람에게는 각종 방언 말함을, 어떤 사람들에게
는 방언들 통역함을 주시나니

[다중우주multi verse론] 우리가 살고 있는 우주 외에 눈에 보이지 않는 수많은 우주가 동시에 존재하고 있고, 우주 간에는 경계가 있을 것이라는 생각으로서 평행우주론이라고도 함

[슈뢰딩거Schrodinger의 고양이] 물리학자 슈뢰딩거가 양자 중첩은 불가능하다고 증명하기 위해서 상자 안에 고양이가 살 거나 죽을 수 있는 상황을 설정한 사고실험, 즉 동시에 존재하는 것이 불가능한 상황을 역설하는 실험

[사고실험thought experiment] 실험실이나 장치를 사용하지 않고 머릿속으로 단순화하여 추론하는 실험, Gedankenexperiment 라고도 함

[세계선World line] 시간과 공간을 양축으로 하는 4차원 공간에서의 위치를 나타내는 선

[메타버스metaverse] 현실 세계와 같이 인간의 생활이 가능하도록 구현해 놓은 3차원 가상공간

현대 과학이라는 이름으로 아직 확인되지도, 증명되지도 않은 예를 들어 '초끈super string이론', '홀로그램hologram 우주론' 등 과학자들의 상상력이 활발하게 날갯짓을 하고 있습니다. 이론이나 모형의 설명을 위해 도입되는 '힉스Hicks'라는 입자나 가

상의 매질인 '에테르Ether' 등이 가공되기도 합니다. 이에 크리스천인 필자는 혹여 과학자들의 과도한 상상이 하나님께 도전하면서 스스로 높아지려 했던 고대 바벨탑의 옛사람들처럼 '교만한 날갯짓은 아닐까' 하는 조심스러운 우려의 마음이 생기기도 합니다.

고린도전서 12장에 보면 지혜의 말씀, 지식의 말씀, 믿음, 병 고침, 능력 행함, 예언, 영 분별, 방언, 방언 통역 등 아홉 개의 성령의 은사가 나열되고 있습니다. 필자는 이 중에서 믿음은 하나님으로부터 선물처럼 받는 것이 아니고, 사람이 하나님께 보내야 하는 방향 쪽에 있는 것처럼 생각되는데 왜 은사라고 하는지에 의문이 들었던 한때가 있었습니다. 그러다가 너무 작아서 보이지 않는 미시 세계와 너무 커서 다 볼 수가 없는 우주 세계에 대한 나름의 근거를 제시하는 다양한 이론 물리학자들이, 다 알 수 없는 것을 찾아내 보려고 애쓰면서도 애써 하나님의 존재를 거부하는 모습들을 보면서, 믿음이 왜 '선물로 받는 은사'인지를 깨닫게 되었습니다. 특별한 믿음은 모든 사람이 가질 수 있는 것이 아니고, 하나님의 선물처럼 선택된 사람들만이 가질 수 있다는 것을 이해하게 된 것입니다.

[에스겔 11:19] 내가 그들에게 일치한 마음을 주고 그 속에 새
　　　　　　 신을 주며 그 몸에서 굳은 마음을 제하고 부드러운
　　　　　　 마음을 주어서

[로마서 1:20] 창세로부터 그의 보이지 아니하는 것들 곧 그의 영
　　　　　　 원하신 능력과 신성이 그가 만드신 만물에 분명히 보
　　　　　　 여 알려졌나니 그러므로 그들이 핑계하지 못할지니라

　과학자들은 눈으로 볼 수 있는 천연 세계에서 그 인과관계를
설명할 수 있는 것들만을 인정하려 하는 또 하나의 의미의 '자
연주의'를 표방합니다. 성경 로마서에서는 하나님의 신성이 창
조하신 만물에 분명히 나타나 있다고 말씀하십니다. 하나님을
부정하는 과학자들이 만물을 다 보게 된다면 하나님을 인정하
게 될까요? 필자는 과학과 물리 세계에 관심이 많으면서도, 창
조주이신 하나님과 구세주이신 예수님의 존재가 너무도 당위적
인 것으로 믿어집니다.

[베드로후서 3:16] 그중에 알기 어려운 것이 더러 있으니 무식한
　　　　　　 자들과 굳세지 못한 자들이 다른 성경과 같이 그것을
　　　　　　 억지로 풀다가 스스로 멸망에 이르느니라

[스가랴 1:8] 내가 밤에 보니 한 사람이 붉은 말을 타고 골짜기

속 화석류나무 사이에 섰고 그 뒤에는 붉은 말과 자
줏빛 말과 백마가 있기로

그러나 가끔은 과학자들의 호기심처럼 믿어지는 것과 궁금한
것이 별개의 상황일 때가 있습니다. 다니엘서와 스가랴서 그리
고 요한계시록 같은 예언서들은 환상적이고 비유적이어서 해석
도 어렵고, 신학적 의견도 분분하여 이단도 많이 나오는 부작
용이 있다고 합니다. 베드로후서 3장의 말씀처럼 억지로 풀다
가 스스로 멸망하게 되느니 차라리 깊게 생각하는 것을 피하
는 것이 오히려 나을 수도 있습니다.

그럼에도 불구하고 필자는 가끔 이런 궁금증이 생길 때가 있
습니다. 환상이나 예언으로 보는 것은 '보는 순간에 알 수 없는
다른 차원의 어느 공간에서 지금 실재하는 모습을 보는 것'인
지, 아니면 '지금 실재하지는 않지만 하나님께서 일종의 메타버
스metaverse처럼 미래의 모습을 가상공간에 구현해 주시는 것'
인지 하는 전자와 후자 간의 궁금증입니다. 아마도 필자뿐만
아니라 많은 사람이 궁금해하지만 알고 싶어도 상상만 하게 되
는 그런 질문일 것입니다.

[욥기 37:23] 전능자를 우리가 찾을 수 없나니 그는 권능이 지
극히 크사 정의나 무한한 공의를 굽히지 아니하심이
니라

[욥기 37:24] 그는 스스로 지혜롭다 하는 모든 자를 무시하시느
니라

필자는 후자라고 생각하지만 '다중우주multi verse론'은 전자와
후자 중 전자를 지지하는 듯합니다. 성경과 연관을 두거나 성경
을 겨냥하는 이론으로 보이지는 않지만, 다중우주론은 다니엘
과 계시록 등 예언서를 물리학적으로 설명해 볼 수 있는 나름의
통찰력은 갖고 있는 듯합니다. 그러나 다중우주론은 변수를 추
가하면 할수록 하나님의 창조원리와 역사원리에도 위배됩니다.
또한, 하나님께서 창조한 우주가 '다중우주'로 존재해야 할 이유
나 목적을 성경 어디에서도 찾을 수가 없습니다.

다중우주multi verse론의 개념을 보다 쉽게 이해해 보기 위해
서 직접적인 관계는 없지만 에르빈 슈뢰딩거Erwin Schrodinger의
고양이를 차용하여 설명을 해보겠습니다. 슈뢰딩거 고양이 실
험은 닐스 보어Niels Bohr를 중심으로 한 코펜하겐Copenhagen
학파가 주장한 '양자중첩quantum superposition'과 '양자얽힘

quantum entanglement'을 고전역학classical dynamics적 방법론 methodology으로 반박하기 위해서 슈뢰딩거가 구상한 사고실험thought experiment입니다. 물론 지금은 주류가 아니라는 의미로서 '고전역학'이라고 불리는 과학들이 그 당시에는 대세로 받아들여졌던 시대입니다. 슈뢰딩거 고양이는 실험 상자 안에 있는 한 마리의 고양이가 '산 고양이의 상태'와 '죽은 고양이의 상태'로 동시에 존재하다가, 즉 확률probability상태가 아닌 중첩superposition상태로 존재하다가 확인하려고 상자를 여는 순간에 둘 중 하나로 현현하여 관측된다는 것입니다. 슈뢰딩거는 살았으면 산 고양이로 나오고 죽었으면 죽은 고양이로 나오는 것이지, 살아있고 죽어있는 상태가 중첩으로 동시에 존재하다가 관측 순간에 한쪽으로 결정된다는 것은 절대로 일어날 수 없다는 논거로서 양자중첩을 반박하려는 의도였습니다.

코펜하겐Copenhagen학파에게 비판적이었던 아인슈타인도 가세해 '있을 수 없는 일'이라고 했던 슈뢰딩거의 고양이는 거시세계에서는 그야말로 '혼란스러움' 그 자체였습니다. 받아들이기도 이해하기도 혼란스러운 슈뢰딩거의 고양이를 다중우주multi verse론과 접목해 보면 다중우주론의 상황은 더욱 복잡해집니다. 시간과 공간을 양축으로 하는 4차원 공간에서의 위치를 나타내는 선을 세계선World line이라고 하는데, 어떤 세계선 상으로는 산 고양이가 나오고 또 다른 세계선에서는 죽은 고양 이가 나와서, 각각의 역사가 따로 흘러간다는 것이 다중우주론 의 논리입니다. 다중우주론의 이런 논리라면 다리가 하나 부러 진 고양이의 세계선, 털이 10개만 빠진 고양이의 세계선, 이가 다 부러진 고양이의 세계선 등 무수히 많은 멀티multi 우주가 동시에 생성되어 있어야 합니다.

[골로새서 2:8] 누가 철학과 헛된 속임수로 너희를 노략할까 주 의하라 이것이 사람의 유전과 세상의 초등학문을 좇 음이요 그리스도를 좇음이 아니니라

필자는 하나님께서 그런 다중의 우주가 필요하다고 작은 암 시라도 주신 부분을 성경 어디에서도 아직 발견하지 못했습니 다. 굳이 구분하자면 생명과 사망 단 두 개의 공간만을 말씀하 고 계실 뿐입니다. 복잡한 예언서를 잘못 해석하여 많은 이단 이 생겼다고 합니다. 필자는 예언서보다 더 복잡한 다중우주론 또는 평행우주론의 함정을 경계합니다.

통찰

06

귀신은 곡해도 하나님은 곡하지 않는다

: 양자 얽힘과 히든 변수hidden variable

[히든 변수hidden variable 이론] 양자의 세계에서 얽힘이 가능한 것은 우리가 알지 못하는 숨어있는 다른 변수가 작용하고 있기 때문이라는 주장

[양자컴퓨터quantum computer] 기존의 2진법디지털이 아닌 양자들의 중첩과 얽힘의 성질을 이용하여 연산하는 컴퓨터

[국소성locality] 공간적으로 떨어져 있는 물질 간에 정보의 전달을 위해서는 시간이 반드시 필요하다는 성질

[비국소성non-locality] 양자의 세계에서는 아무리 멀리 떨어져 있어도 정보 전달에 시간이 필요하지 않은 얽힘 현상을 일컫는 말

[중첩superposition] 두 가지의 상태가 동시에 존재하고 있음을 의미

[얽힘entanglement] 아무리 멀리 떨어뜨려 놓아도 동시에 일어나는 현상

20세기 초 양자의 비국소성non-locality과 얽힘entanglement 을 주장한 닐스 보어Niels Bohr를 중심으로 하는 코펜하겐 Copenhagen학파와 멀리 떨어져 있으면 정보 전달에 시간이 필 요하다는 물리적 국소성locality을 주장한 아인슈타인을 중심으 로 한 EPR아인슈타인, 포돌스키Podolsky, 로젠Rogen 간에 양자역학에 대한 치열한 공방이 있었습니다. 코펜하겐학파는 양자 얽힘에 의해 국소성은 깨진다고 주장하였고, EPR은 양자 얽힘은 불가 능하기 때문에 히든 변수hidden variable가 있어서라도 국소성은 유지가 된다고 주장했습니다. EPR은 빛보다 빠른 속도로 정보 가 전달되는 것은 불가능하다는 아인슈타인의 우주관을 기초 로 하는 주장입니다.

이후 1964년 존 스튜어트 벨John Stward Bell은 양자의 국소 성이 존재한다면 양자의 관측값이 만족해야만 하는 부등식 inequality을 도출하여 코페하겐학파와 EPR 간의 논쟁이 수학 적으로 해결될 수 있는 길을 열어줍니다. 벨의 사후 여러 과학 자에 의해 벨부등식Bell's theorem, Bell's inequality을 증명하는 실

험을 개발하는 시도가 이어졌으며, 알랭 아스페Alain Aspect, 존 F 클라우저John F Clauser, 안톤 차일링거Anton Zeilinger는 독립적이고 순차적으로 각자의 실험을 고안해 양자의 움직임은 벨부등식Bell's theorem, Bell's inequality에 위배된다는 결론을 증명합니다. 양자에 국소성이 존재한다면 양자의 관측값이 벨부등식을 만족해야만 하므로, 벨부등식을 위배한다는 것은 양자의 세계에서는 국소성이 무너지고 비국소성이 가능하다는 증명이 됩니다. 즉 양자 얽힘이 존재한다는 코펜하겐학파의 주장이 맞았음을 증명하는 결과가 되는 것입니다. 이러한 공로로 알랭 아스페, 존 F 클라우저, 안톤 차일링거는 2022년 노벨 물리학상을 공동 수상했습니다.

아인슈타인은 빛보다 빠른 속도로 정보가 전달되는 것은 불가능하기 때문에, 예를 들어 지구와 안드로메다Andromeda 은하처럼 아주 멀리 떨어져 있는 곳의 두 입자가 얽혀있다는 것은 모순이라는 주장을 하였습니다. 그러나 아이슈타인의 주장과는 달리 두 입자의 양자역학적 상태가 서로 독립적이지 않고 얽혀있음이 과학적, 수학적으로 증명되었고, 이를 모멘텀momentum으로 현재 양자컴퓨터quantum computer의 개발, 양자의 알고리즘algorism과 매개변수파라미터, parameter의 구축 시도가 활발하게 전개되고 있습니다.

[시편 127:1] 여호와께서 집을 세우지 아니하시면 세우는 자의
　　　　　　수고가 헛되며

[주기도문] 뜻이 하늘에서 이루어진 것 같이 땅에서도 이루어 지
　　　　　이다

[마가복음 9:29] 기도 외에는 다른 것으로는 이런 종류가 나갈
　　　　　　　수 없느니라

한편 이와 같이 광자나 전자와 같은 너무 작아 쉽게 볼 수 없
는 미시 세계의 물질들은 거시 세계와는 다른 물리적 특성과
현상을 가지고 있다는 사실이 더욱 놀라운 이유는 하나님과 예
수님께서는 이미 성경의 시편과 주기도문 등에 우주의 양자 얽
힘을 암시하는 듯한 말씀을 하셨다는 사실 때문입니다. 예수님
께서 제자들에게 직접 가르쳐주신 기도인 주기도문에는 "뜻이
하늘에서 이루어진 것 같이 땅에서도 이루어지이다." 하는 부
분이 있습니다. 이것은 하나님이 계신 곳과 사람이 살고 있는
곳이 국소적local이거나 독립적independent이지 않고 서로 얽혀
있는 결정성determinism과 동시성simultaneity을 유추케 합니다.
또 시편에서는 "여호와께서 집을 세우지 아니하시면 세우는 자

의 수고가 헛되다"고 말씀하십니다. 즉, 하늘의 일과 땅의 일이 쌍pair으로 얽혀있음을 암시하는 듯합니다.

 신은 있지도 않지만 하나님이 계시다고 한들 '어떻게 우주 저편에 계신 하나님과 지구 공간에서 일어나는 일이 동시에 일어날 수 있겠는가?' 하는 것이 아인슈타인의 생각이었습니다. 아인슈타인은 정보 전달에는 시간이 필요하다는 생각을 평생 떨치지 못했습니다. 그는 세상에서 빛보다 빠른 것은 없으므로 '동시에 일어나는 얽힘 현상'이 빛보다 빠르다는 사실을 받아들일 수 없었던 것입니다. 그의 생각은 1광년이 떨어진 곳에 정보가 전달되기 위해서는 아무리 빨라도 1광년이 걸려야 한다는 생각이기 때문입니다. 그러나 그의 사후 광자나 전자 같은 미시 세계에서의 '양자들의 얽힘 현상과 불확정성'은 정보가 전달되는 데 소요될 시간 따위를 필요로 하는 물리적 통제 하의 성질이 아님이 밝혀진 것입니다. 하나님과 지구만큼 아무리 멀리 떨어져 있다 하여도 초월적인 동시성이 가능하다는 과학적인 근거가 찾아진 것입니다. 코펜하겐Copenhagen학파를 제외한 대부분의 과학자가 모순적이고 역설적이라고 말하던 '귀신이 곡할 노릇'이 양자 세계에서는 실재하고 있었던 것입니다.

[로마서 9:18] 그러므로 하고자 하는 자를 긍휼히 여기시고 하고자 하는 자를 완악하게 하시느니라

[에스겔 11:19] 내가 그들에게 일치한 마음을 주고 그 속에 새 신을 주며 그 몸에서 굳은 마음을 제하고 부드러운 마음을 주어서

[창세기 11:4] 성읍과 탑을 건설하여 그 탑 꼭대기를 하늘에 닿게 하여 우리 이름을 내고

[창세기 6:6] 땅 위에 사람 지으셨음을 한탄하사 마음에 근심하시고

일각의 다른 과학자들은 양자 얽힘quantum entanglement이 가능한 것은 아마도 아직 밝혀지지 않은 히든 변수hidden variable가 있기 때문이라고 주장합니다. 「통찰 02」에서 서술한 바와 같이 스스로 빛 되신 모습을 보여주셨던 예수님께서는 광자나 전자 같은 미시 양자들을 얼마든지 직접적으로 활용하시거나 스스로 인간이 알지 못하는 히든 변수가 되어주실 수도 있을 것입니다. 그런데 과학자들은 양자 얽힘과 히든 변수의 존재 가능성처럼 아무나 상상할 수도 없고 풀어내기도 어려운 명제preposition들을 스스로 통찰해내는 그들의 천재성과 영민함에도 불구하고, 양자 얽힘과 히든 변수를 주관하시는 분이 하나

님이실 수 있다는 가설만은 애써 외면하는 듯합니다. 이것은 아마도 과학자들이 물질 중심적 사고의 어떠한 편견으로 인하여 성경을 멀리하고 있기 때문일 것입니다.

통찰

07

점 하나에 웃고 운다

: 찍었냐? 말았냐? 그것이 문제로다

[창세기 1:1] 태초에 하나님이 천지를 창조하시니라

[창세기 1:2] 땅이 혼돈하고 공허하며 흑암이 깊음 위에 있고 하
　　　　　나님의 영은 수면 위에 운행하시니라

[창세기 1:3] 하나님이 이르시되 빛이 있으라 하시니 빛이 있었고

[빅뱅이론The Big Bang Theory] 우주의 팽창성을 토대로 우주가 작
은 점의 폭발로부터 팽창해왔다는 이론으로서 현재 표준우주이
론으로 자리 잡고 있음

[중성미자neutrino] 원자핵으로부터 분리된 불안정한 중성자가 붕
괴되면서 나타나는 중성자보다 작은 방사능의 일종

[디폴트default 값] 초기화에서 자동으로 부여되는 값

세상의 노래 중에서 "점 하나에 웃고 운다"는 재밌는 가사를 들어본 적이 있습니다. 또 점 하나가 얼마나 중요한지를 생각하게 하는 과학이론이 있습니다.

스티븐 호킹Stephen Hawking이 대중화시킨 빅뱅이론The Big Bang Theory은 우주가 점 하나에서 시작되어 점점 팽창하고 그때 폭발에 의해 생겨난 빛의 나이가 우주의 나이일 것이라는 주장입니다.

과학자들에 의해서 우주를 모형화한 실험실 공간에서 빅뱅 BigBang을 구현하는 실제 실험들이 행해지고 있습니다. 한 예로서 현실 과학에서 구현 가능한 섭씨 2,000도의 진공상태 실험 공간에서, 우주의 별들과 성분이 비슷할 것으로 여겨지는 암석으로 만들어진 지름 5~6mm에 불과한 작은 총알을, 구현 가능 속도인 시속 2만km로 총에서 발포하는 빅뱅구현 실험이 있습니다. 실험의 결과는 가히 가공할 만하여, 실험실은 어마어마한 진동으로 흔들리면서, 암석으로 만들어진 총알은 고온에 녹아 증발하여 암석 증기가 되고, 급속하게 팽창하면서 공간을

감싸는 이글거리는 암석 증기는 태양의 상태와 흡사해집니다. 작은 점의 빅뱅에 의한 우주탄생의 개연성을 충분히 보여주는 실험 결과인 것입니다.

그런데 딱 거기까지였습니다. 스티븐 호킹은 그 최초의 점이 어디서 왔는지는 알 수 없으나 그 점을 하나님이 찍었을 리는 절대 없다고 주장하였습니다. 2018년 그가 죽을 때까지 평생에 걸쳐 하나님의 존재를 인정하지 않았습니다. 보이지 않는 존재가 보이는 물질세계를 만들어 내는 것은 불가능하다는 것이 그의 우주관이었습니다.

[히브리서 11:1] 믿음은 바라는 것들의 실상이요 보이지 않는 것들의 증거니

[이사야 40:26] 너희는 눈을 들어 누가 이 모든 것을 창조하였나 보라

[욥기 37:23] 전능자를 우리가 찾을 수 없나니 그는 권능이 지극히 크사 정의나 무한한 공의를 굽히지 아니하심이니라

[욥기 37:24] 그는 스스로 지혜롭다 하는 모든 자를 무시하시느니라

그러나 과연 그럴까요? 천재 과학자의 우주관과 진리는 별개일 수도 있습니다. 양성자proton나 중성자neutron를 쪼갠 쿼크quark가 반물질이라는 사실이나 또는 물질의 기본 단위인 원자에서 원자핵과 전자 사이의 공간이 비어있다는 이미 밝혀진 사실들을 통해 물질의 근원이 물질이 아닐 수도 있다는 가능성이 더욱 커지고 있습니다. 불안정한 중성자가 붕괴되면서 등장하는 중성미자neutrino는 공기는 물론 물이나 땅도 뚫고 돌아다닙니다. 중성미자의 존재는 중력이나 자기력이 아닌 약력weak force이라는 원자핵 이하의 소립자에서 일어나는 약하게 상호작용하는 또 하나의 힘과 관련되어 있다고 합니다. 이 알 수 없는 힘은 무엇일까요?

한편 사람들은 일상적으로 '사랑의 힘', '긍정의 힘', '희망의 힘' 등 물질이 아닌 보이지 않는 추상명사들의 힘을 인정하고 있고, 실제적으로도 '기적'이라는 이름의 초자연적인 현상이 나타나는 것을 공공연하게 목도하기도 합니다. 성경 히브리서 11장에서는 "믿음은 바라는 것들의 실상이요 보이지 않는 것들의 증거"라고 말씀하십니다. 보이는 것이 전부가 아니라는 의미입니다. 물질이 아닌 에너지가 보이지 않는 하나님에게서 올 수도 있는 것입니다.

아인슈타인이 "신은 주사위 놀이 따위는 하지 않는다"고 말했다고 합니다. 그러나 아무것도 없는 무의 상태에서 점을 하나 찍는 사건event은 여섯 개의 경우의 수를 가진 주사위 놀이가 아닙니다. 무none에서 유existence로 가는, 숫자 0에서 숫자 1로 가는 유일한 통로에서는 다른 선택은 없습니다. 경우의 수가 1이며, 그 확률은 100%가 되는 철저하고, 완벽하고, 예외가 절대 일어날 수 없는 창조의 순간인 것입니다. 태초에 하나님께서 최초로 설정하신 최초의 디폴트default 값 바로 그것인 것입니다. '찍었냐? 말았냐? 그것이 문제로다.'에 대한 필자의 대답입니다. '찍었다. 고로 존재한다.'입니다.

통찰

빅뱅^{BigBang}과 우주 팽창^{expending universe}

: 하나님과 과학자의 동상이몽

[창세기 1:1] 태초에 하나님이 천지를 창조하시니라

―――

[빅뱅이론The Big Bang Theory] 우주의 팽창성을 토대로 우주가 작은 점의 폭발로부터 팽창해왔다는 이론으로서 표준우주이론으로 자리 잡고 있음

[도플러Doppler 효과] 관측자와의 거리에 따라 음파나 광파 등 파동의 진폭, 진동수 등이 달라지는 현상

[적색변이red shift] 빛의 스펙트럼에서 적색으로 변화거나 적색이 두드러지게 나타나는 현상으로 적색일 때 파장이 늘어지는 것으로 알려져 있음(파장이 늘어짐은 거리가 멀어짐을 의미)

빅뱅이론The Big Bang Theory과 우주팽창이론theory of expending universe에 의하면 우주는 아주 작은 점이 어느 순간 폭발한 후 점점 팽창하며 커지고 있다고 합니다. 우주 팽창은 1929년에 미국의 천문과학자 에드윈 허블Edwin Hubble이 먼 거리의 은하수일수록 지구와 더 빨리 멀어진다는 사실을 관측함으로써 과학적인 증명이 이루어졌습니다. 일종의 도플러효과처럼 멀어질수록 나타나는 적색변이red shift를 확인한 것입니다. 또 퍼져 나가고 있는 별의 빛을 역산하여 빅뱅 시점을 약 138억 년 정도로 추산하고 있습니다. 태양의 나이는 약 50억 년으로 추정하고 있습니다.

그러나 우주가 점부터 시작되어 팽창해 온 것인지 아니면 중간의 어느 시점부터 팽창하기 시작한 것인지는 아무도 알 수가 없습니다. '무한하게 팽창하는 우주 밖은 무엇인가?', '빅뱅 이전은 무엇인가?', '무한하다는 건 무엇인가?' 등에 대해 정확하게 설명하는 것은 아무것도 없습니다. '평행우주론', '등각순환 우주론', '인플레이션 우주론' 등 다양한 상상들만이 난무할 뿐입니다. 그래서 빅뱅과 우주 팽창은 이론에 머무릅니다. 물론 창조론도 마찬가지로 사람으로서는 모든 것을 다 알 수가 없습니다.

[창세기 1:2] 땅이 혼돈하고 공허하여 흑암이 깊음 위에 있고 하나님의 영은 수면 위에 운행하시니라

[창세기 1:3] 하나님이 이르시되 빛이 있으라 하시니 빛이 있었고

[창세기 1:5] 하나님이 빛을 낮이라 부르시고 어둠을 밤이라 부르시니라 저녁이 되고 아침이 되니 이는 첫째 날이니라

[창세기 1:14] 하나님이 이르시되 하늘의 궁창에 광명체들이 있어 낮과 밤을 나뉘게 하고 그것들로 징조와 계절과 날과 해를 이루게 하라

성경의 창세기 1장 5절에 의하면 하나님께서 빛을 창조하시면서부터 현재 우리가 사용하고 있는 시간의 개념도 시작되었습니다. 빅뱅이 만약 빛이 창조되기 이전에 발생한 것이라면 빅뱅과 빛의 창조 사이에 존재하는 시간을 우리가 지금 사용하고 있는 시간이라고 불러도 되는 지부터가 불확실해집니다.

한편 빅뱅과 우주팽창 이론대로 우주가 점에서 시작이 됐다면 태양이나 지구나 은하수 등들도 점 안에서 더 작은 점으로 존재하다가 점점 커졌다는 것인지, 아니면 우주 팽창 중에 어느 지점에서 추가적으로 생겨났다는 것인지 모든 것이 미궁에 빠지게 됩니다.

한편 필자가 생각하는 창조론doctrine of creation 내에서 빅뱅과 우주 팽창이 수용될 수 있는 시나리오가 하나 있습니다. 이 시나리오에 의하면 우주의 나이가 138억 년이라는 과학과 우주 나이가 수천 년이라는 성경 사이의 너무 큰 시간의 갭gap을 보정할 수 있게 됩니다.

필자의 이번 통찰은 창세기 1장 1절의 천지우주 창조 시점에 하나님께서 과학자들이 빅뱅이라고 부르는 폭발을 사용하셨을 가능성을 배제할 수 없다는 관점에서 출발합니다. 이 경우 빅뱅과 빛의 창조 사이의 갭을 시간 1, 빛의 창조 이후부터 태양과 달이 창조될 때까지의 갭을 시간 2, 그리고 그 이후를 시간 3으로 하여 시간의 개념을 구분해야 합니다. 시간 1과 시간 2는 태양과 달을 이용해서 낮과 밤으로 구분하는 현재 사용되고 있는 개념의 시간이라고 불러도 되는지부터가 불확실한 시간이며, 시간 3만이 현재 사용하는 시간과 동일합니다. 시간 1과 시간 2는 기준이 다르기 때문에 시간 3으로 환산하는 경우, 과학자들이 주장하듯이 우주 나이 138억 년, 태양 나이 50억 년이 사실일 수도 있을 가능성을 배제할 수는 없게 됩니다.

시간 1: 빅뱅과 빛의 창조 이전의 시간(빛으로 기준화되기 이전의 시간)

시간 2: 빛이 창조된 이후부터 태양과 달이 창조될 때까지의 시간

시간 3: 태양과 달이 낮과 밤의 기준이 된 이후 현재까지의 시간

이 시나리오에 따른다면 성경의 창세기 1장 1절과 창세기 1장 3절 사이, 즉 천지창조와 빛의 창조 사이의 시간 1과 1장 3절에서 1장 14절 태양과 달이 창조될 때까지의 시간 2의 계산에서, 빅뱅과 우주 팽창 상의 과학자들의 우주 나이 계산법을 수용할 수 있게 됩니다. 이런 경우라면 정확히 알 수 없는 우주의 나이를 두고 과학과 성경 사이에 소모전을 치르지 않아도 되는 것입니다. 창세기 1장 1절 또는 과학자들의 말하는 빅뱅 시점에서 만들어진 우주의 공간 속에 하나님께서는 빛 창조 이후의 시간 흐름으로 바뀐 나머지 5일 동안 모든 피조물을 완성하시는 것입니다. 그 5일 중 마지막 이틀 전부터는 태양과 달이 시간의 흐름을 나타내는 역할을 담당하기 시작하는 것입니다.

[디모데후서 3:16] 모든 성경은 하나님의 감동으로 된 것으로

[베드로후서 3:8] 사랑하는 자들아 주께는 하루가 천 년 같고 천 년이 하루 같은 이 한 가지를 잊지 말라

디모데후서에 의하면 모든 성경은 하나님의 감동에 의해 쓰였

다고 합니다. 하나님의 감동으로 된 성경의 일부인 베드로전서에서 하나님께는 천 년이 하루 같고 하루가 천 년 같다고 공언하심으로써 빅뱅이론상의 우주 나이 계산법은 물론 아인슈타인의 특수상대성이론the special theory of relativity에 의한 시간 팽창time dilation과 공간 수축space contraction 현상과의 공감대까지도 추가하셨습니다.

그러나 공유 가능한 개연성을 거부하는 쪽은 과학입니다. 블랙홀black hole의 존재 가능성을 밝힌 아인슈타인이나 빅뱅을 대중화한 스티븐 호킹은 하나님의 창조를 전면 부정합니다. 그들은 태초의 빅뱅 직전 그 작은 점이 어떻게 생겼는지는 의문사항이지만, 하나님 같은 신은 없으며 물질이 아닌 신적인 존재가 무에서 물질을 창조하는 것은 불가능하다고 주장합니다.

[욥기 37:23] 전능자를 우리가 찾을 수 없나니 그는 권능이 지극히 크사 정의나 무한한 공의를 굽히지 아니하심이니라

[욥기 37:24] 그는 스스로 지혜롭다 하는 모든 자를 무시하시느니라

[히브리서 11:1] 믿음은 바라는 것들의 실상이요 보이지 않는 것들의 증거니

하나님께서는 욥기에서 이렇게 힌트를 주고 계십니다. 전능자를 사람이 찾을 수 없도록 하나님이 다스리시는 공의justice가 적용되는 우주를 무한하게 넓히신다고 하십니다. 필자는 공의를 굽히지 아니하신다 함은 하나님께서 다스리시는 질서가 우주 팽창과 함께 계속 확대되고 있음을 의미한다고 해석합니다. 즉, 인간이 과학으로 아무리 쫓아가도 하나님께서 계속해서 벌려놓으시는 우주의 끝에 인간이 다다르는 것은 불가능하다는 것입니다. 이것을 과학은 물질 스스로의 우주 팽창expending universe이라고 해석하고 있습니다.

한편 욥기의 하나님께서는 알버트 아인슈타인이나 스티븐 호킹의 경우처럼 근본적으로 하나님의 존재를 부정하면서 우주 팽창은 사람 스스로의 위대한 발견으로서 스스로를 지혜롭다고 자화자찬하는 과학자들을 의미 있게 여기지 않으신다고 미리 전제에 두고 계십니다.

통찰

09

셀 수 있는 양자화와 우주망원경의 예고

: 아브라함 자손이 티끌만큼 많을 즈음에

[창세기 13:16] 내가 네 자손을 땅의 티끌 같게 하리니 사람이
땅의 티끌을 능히 셀 수 있을진대 네 자손도 세리라

[창세기 15:5] 그를 이끌고 밖으로 나가 이르시되 하늘을 우러
러 뭇별을 셀 수 있나 보라 또 그에게 이르시되 네 자
손이 이와 같으리라

[창세기 16:6] 주의 천사가 그녀에게 말하기를 내가 네 씨를 크
게 번성케 하리니, 그 수가 많아 셀 수 없게 되리라
하더라

[양자화quantize] 양자는 빛의 기본입자인 광자photon나 전자

electron와 같이 아주 미세하지만 셀 수 있는 미시입자를 일컫는 말로, 양자화는 양자처럼 양적으로 셀 수 있도록 하는 개념화를 의미함

창세기 16장에서 하나님께서 하갈에게는 하갈의 자손의 수가 많아 셀 수 없을 것이라고 말씀하셨습니다. 그런데 13장에서 아브라함에게는 자손의 수가 티끌 같다고 말씀하시고, 다시 15장에서는 아브라함의 자손이 뭇별처럼 많게 되는데 뭇별을 셀 수 있나 보라고 말씀하십니다. 자손이 많을 것이라는 표현을 조금씩 다른 느낌으로 말씀하고 계십니다. 그런데 아브라함의 자손이 티끌만큼 별만큼 많을 것이라고 예언해 주시면서는 왜 하갈에게 말씀하신 것처럼 '셀 수 없을 것'이라고 표현하지 않으셨을까요?

티끌이나 별의 수는 분명히 많아서 셀 수가 없을 것입니다. 아주 많음을 강조할 때 '셀 수 있을 만큼countable'이라는 표현보다는 '셀 수 없을 만큼countless'이라고 표현하는 것이 더 자연스럽고 일반적입니다. '셀 수 있게 많은 자손들'은 어색하게 느껴집니다. 더욱이 하나님께서는 창세기 13장에서 굳이 또 '티끌을 사람이 능히 셀 수 있다'고 단정 짓는 말씀까지 더하고

계십니다.

[욥기 38:21] 네가 아마도 알리라 네가 그때에 태어났으니 너의 햇수가 많음이니라

[다니엘 12:4] 다니엘아 마지막 때까지 이 말을 간수하고 이 글을 봉함하라 많은 사람이 빨리 왕래하며 지식이 더하리라

[히브리서 4:12] 하나님의 말씀은 살았고 운동력이 있어 좌우에 날선 어떤 검보다도 예리하여 혼과 영과 및 관절과 골수를 찔러 쪼개기까지 하며 또 마음의 생각과 뜻을 감찰하나니

[민수기 23:19] 하나님은 인생이 아니시니 식언치 않으시고

[허블우주망원경Hubble Space Telescope, HST] 1990년 나사NASA가 지구 대기권에 띄운 위성 자체가 렌즈인 우주망원경, 천문물리학자 허블의 이름에서 따옴

[제임스 웹 우주망원경James Webb Space Telescope, JWST] 2022년에 나사NASA가 지구에서 150만km 떨어진 대기권 밖으로 쏘아 올린 최신의 우주망원경이며, 적외선 관측으로 허블보다 더 먼 우

주의 관측이 가능, 케네디 행정부에서 공로가 큰 NASA 장관이
었던 제임스 에드윈 웨브James Edwin webb의 이름에서 따옴

  필자의 통찰로는 지금부터 4,000년 전인 아브라함시대에 이
미 하나님께서는 사람이 미래에 전자현미경을 통해 티끌 입자
를 셀 수 있게 되고, 우주망원경을 통해 수많은 별의 수를 헤
아릴 수 있게 될 것임을 예언하고 계신 것 같습니다. 현재 고밀
도 전자현미경은 양자를 관측하고 있고, 나사NASA가 쏘아 올
린 위성망원경인 허블우주망원경Hubble Space Telescope, HST이나
지구로부터 150만km 밖으로 쏘아 올린 제임스 웹 우주망원경
James Webb Space Telescope, JWST은 이미 태양계 밖의 소행성이
나 은하의 수를 관측하고 있습니다.

  아브라함의 자손이 별의 수나 티끌 수 같이 창대해지려면 많
은 세대가 흘러가야 합니다. 이스라엘Israel 민족뿐 아니라 중동
의 많은 이슬람Islam 민족들이 아브라함을 조상으로 하는 계보
pedigree를 갖고 있습니다.

  한편 욥기와 다니엘서에서는 세대가 많이 지날수록 과학과
지식이 풍성해진다고 말씀하고 계십니다. 따라서 아브라함 자

손 수의 증가와 지식의 발달은 같은 궤를 하고 있다고도 말할 수 있을 것입니다. 하나님께서는 많은 세대가 흐른 후에는 과학의 발달에 따라 입자particle를 점점 쪼개어 전자electron까지도 셀 수 있는 현대의 '퀀텀에이지QuantumAge'가 열리게 될 것임을 미리 암시하신 듯합니다. 필자는 하나님께서 티끌이나 별들의 수만큼 많아질 아브라함의 창대할 자손에 대한 언약을 매개로 살아있고 운동력이 있는 하나님의 말씀을 통해서 '퀀텀에이지QuantumAge'가 열릴 것임을 미리 선언하신 것이라고 통찰합니다.

통찰

10

겨자씨만 한 믿음의 위력

: 양자물리학quantum physics적 단상

[고린도전서 12:10] 어떤 사람에게는 능력 행함을, 어떤 사람에게는 예언함을, 어떤 사람에게는 영들 분별함을, 다른 사람에게는 각종 방언 말함을, 어떤 사람들에게는 방언들 통역함을 주시나니

[마태복음 17:20] 너희에게 믿음이 겨자씨 한 알 만큼만 있어도 이 산을 명하여 여기서 저기로 옮겨지라 하면 옮겨질 것이요

[양자물리학quantum physics**]** 미시세계에서의 광자, 전자 등 양자들의 성질과 현상을 연구하는 물리학으로, 양자역학quantum dynamics이라고도 부름

[**양자화**quantize] 양자는 빛의 기본입자인 광자photon나 전자 electron와 같이 아주 미세하지만 셀 수 있는 미시입자를 일컫는 말로, 양자화는 양자처럼 양적으로 셀 수 있도록 하는 개념화 를 의미함

[**상대성이론**Theory of Relativity] 아인슈타인이 빛의 특징으로부터 유도해낸 관측자의 운동과 위치에 의존하는 시간, 공간, 속도 등의 상대성을 주장한 물리이론으로서 일반상대성이론과 특수 상대성이론으로 구분됨

[민수기 23:19] 하나님은 인생이 아니시니 식언치 않으시고

성경 고린도전서 12장에 보면 믿음도 하나님으로부터 선물로 받는 은사라고 합니다. 믿음은 사람이 믿음의 대상인 하나님께 보내야 하는 방향 쪽에 있는 것처럼 생각되는데, 은사라고 하 는 것을 보면 '믿음을 갖는다는 것'이 결코 쉽지 않기 때문일 것 입니다. 눈에 보이지 않는 하나님과 성경의 모든 사건을 무조 건 믿는다는 것은 그만큼 어려운 일이고, 그렇기 때문에 차라 리 믿지 않는 쪽을 선택하는 사람들이 많습니다. 그러므로 믿 어지는 사람들은 믿어질 수 있도록 선택되는 특별한 선물을 받

은 것이 되는 것입니다.

마태복음을 비롯한 복음서에서 예수님께서는 '겨자씨만 한 믿음만 있어도 산을 다른 곳으로 옮겨지게 할 수 있다'고 직접 말씀하셨습니다. 이 말씀은 작은 믿음만 확실히 있어도 기적이 일어나게 할 수 있다는 의미로, 믿음의 중요성을 강조한 말씀이라는 것이 일반적인 해석입니다. 그런데 현실 세계에서 믿음 하나로 실제 산을 옮겼다는 간증은 아직 들어본 적이 없습니다. 물론 산이 실제 산을 의미하는 것이 아니라 어려운 일을 비유적으로 표현한 것임을 필자도 알고 있습니다.

그런데 필자는 식언을 하지 않으시는 하나님과 삼위일체이신 예수님께서 달변가들처럼 단지 강조만을 위해서 과장되어 보이는 비유를 사용하셨을 것 같지는 않습니다.

[로마서 1:20] 창세로부터 그의 보이지 아니하는 것들 곧 그의 영
　　　　원하신 능력과 신성이 그가 만드신 만물에 분명히 보
　　　　여 알려졌나니 그러므로 그들이 핑계하지 못할지니라
[요한복음 14:26] 보혜사 곧 아버지께서 내 이름으로 보내실 성
　　　　령 그가 너희에게 모든 것을 가르치고 내가 너희에게

말한 모든 것을 생각나게 하리라

로마서 1장에서는 하나님께서 만드신 모든 만물에서도 사람은 하나님의 신성을 알 수 있다고 하십니다. 아마도 만물을 통해 자연의 경이로움과 함께 하나님의 섭리를 우회적으로 느낄 수 있다는 의미일 것입니다. 하물며 우회적인 방법이 아닌 예수님께서 직접 하신 말씀에는 절대적인 권위와 모든 것에 대한 가능성이 내포되어 있을 것입니다. 필자는 예수님의 말씀은 비유일지라도 문자 그대로의 해석으로도 유의적meaningful일 뿐만 아니라, 진리에서 벗어나지 않는 절대적인 중의성semantic ambiguity을 동반하고 있을 것이라고 생각합니다. 예수님께서 믿음의 중요성을 두고 하신 진지한 말씀을 '달변가의 비유' 정도로 폄하할 수가 없기 때문입니다.

'겨자씨만 한 믿음', 사람들은 '믿음의 힘' 또는 '믿음의 에너지'라는 말을 공공연하게 사용합니다. 과학적으로도 힘과 에너지를 광의적으로 동일하게 사용할 수 있습니다. 또한, 물리학에서는 물체에 작용하는 에너지를 힘이라고 정의하고 있습니다.

겨자씨라는 물체에 믿음이라는 힘이 들어가서 믿음이 질량

mass화 되는 상황을 가정할 수 있습니다. 눈에 보이지 않는 믿음이 한 알 한 알 셀 수 있는 겨자씨로 양자화quantize가 되는 것입니다.

[질량에너지 등가관계식] $E=mc^2$
(E=에너지 m=질량 c=진공 상태에서의 빛의 속도)

아인슈타인의 특수상대성 이론에서 질량-에너지 등가원리인 $E=mc^2$에 따라서 (믿음)에너지=(믿음)겨자씨의 질량×(빛 되신 하나님의 능력)의 제곱으로 각각 대입이 가능하게 됩니다.

놀라운 일이 벌어집니다. 겨자씨의 작은 질량에 하나님의 능력이 빛의 속도의 제곱으로 배가가 된다면 어마어마한 크기의 에너지를 만들 수 있는 것입니다. 핵분열이나 핵융합 등 핵폭탄을 만드는 것과 동일한 원리로, 산이 터져 오르는 위력을 담은 핵실험 영상을 우리는 여러 번 본 적이 있습니다.

물론 믿음의 에너지가 핵폭탄과 같은 파괴적인 일에 쓰일 리는 없습니다. 그럼에도 불구하고 "겨자씨만 한 믿음만 있어도 산을 옮겨지게 할 수 있다"는 예수님의 말씀과 '$E=mc^2$에 의해

산이 솟아오르는 에너지의 구현'은 비슷한 이미지와 함께 동일한 우주원리를 통찰하게 합니다.

"너희에게 믿음이 겨자씨 한 알 만큼만 있어도 이 산을 명하여 여기서 저기로 옮겨지라 하면 옮겨질 것이요" 하는 말씀처럼 예수님께서 눈에 보이지 않는 믿음을 눈에 보이는 겨자씨로 '양자화quantize' 시키시고, 산을 옮길 수 있는 것으로 '역학dynamics'화 하신 것은 허언도 과장도 아닙니다. 필자는 미래의 사람이 먼 훗날 우주원리로 활용하게 될 상대성이론Theory of Relativity과 양자역학quantum dynamics이라는 물리과학의 양대 산맥을 예수님께서 미리 예표typology 하신 것은 아닐까 하고 추측합니다.

통찰

11

또 하나의 오른손 왼손 법칙

: 뇌의 분리와 시냅스^{synapse}

[마태복음 6:3] 너는 구제할 때에 오른손이 하는 것을 왼손이
모르게 하여

[뉴런neuron] 감각기관이 전달한 정보를 뇌에서 판단하는 일련의
과정을 가능하게 하는 신경세포의 기본 단위

[시냅스synapse] 뉴런 상호 간 또는 뉴런과 다른 신경세포 사이의
결합관계나 부위

[플레밍Fleming] 전류, 자기장, 도체운동의 3방향에 관한 법칙을
만든 19세기의 전기공학자

[아이오닉ionic] 일반적으로 물질의 작용이 전자를 기반으로 하는

것과 대조적으로 인체 내의 생리 작용은 주로 이온을 기반으로 하고 있음

전기와 자기장 원리에는 알렉산더 플레밍Alexander Fleming의 오른손 법칙과 왼손 법칙이 있습니다. 오른손 법칙은 발전기의 원리를. 왼손 법칙은 발동기의 원리를 쉽게 설명해 줍니다. 오른손과 왼손의 독립성과 다른 쓰임이 과학현상에 대한 설명에 활용된 경우입니다.

성경에도 오른손과 왼손의 독립성을 활용한 가르침의 말씀이 있습니다. 예수님께서는 복음서의 산상수훈에서 '오른손이 하는 일을 왼손이 모르게 하라'고 가르치십니다. 남에게 보여주기 위해서 선행을 하거나 외식가식을 행하지 말라는 교훈입니다. 그런데 남에게 알리지 말고 은밀하게 하라는 의미라면 가장 가까운 친구나 가족에게도 알리지 말라고 하는 것이 훨씬 현실적이고 직관적인 표현 같은데, 어찌하여 예수님께서는 오른손과 왼손을 들어 표현을 하셨을까요? 그리고 은밀한 선행을 굳이 손을 가지고 말씀하고 싶으셨다면 오른손, 왼손보다 더 가까운 관계인 '오른손의 엄지손가락'이 하는 선행을 '오른손의 둘째손가락'이 모르게 하라고 하셨다면 어땠을까요?

한 몸에 붙어있는 오른손과 왼손은 수많은 신경세포와 이온ion들로 정보를 교환하고 있기 때문에, 오른손과 왼손 사이의 비밀유지는 절대 불가능할 것 같다는 생각이 먼저 들게 됩니다. 그러나 현대 과학과 의학을 통해 오른손의 기능은 좌뇌가, 왼손의 기능은 우뇌가 담당하고 있음이 밝혀졌습니다. 분리된 좌뇌와 우뇌에서 각각의 뉴런neuron들과 시냅스synapse들이 화학적 신호와 전기신호를 관리하고 있습니다.

> [요한복음 5:19] 아들이 아버지의 하시는 일을 보지 않고는 아무것도 스스로 할 수 없나니 아버지께서 행하시는 그것을 아들도 그와 같이 행하느니라
> [민수기 23:19] 하나님은 인생이 아니시니 식언치 않으시고

요한복음 5장에서 예수님은 하나님이 하시는 일을 보고 따라서 그대로 하신다고 말씀하십니다. 인간을 창조하신 하나님과 삼위일체trinity이신 예수님께서는 인간의 몸의 구조와 원리를 가장 정확하게 알고 계셨을 것입니다. 인체 내의 아이오닉ionic 작용과 전자electron의 이동을 통해 소통하는 인체 내의 양자역학도 훤하게 알고 계셨을 것입니다. 분리된 좌뇌-우뇌의 구조와 기능 하에, 오른손이 하는 것을 왼손이 모르도록 하는 것은 과학적으로도 충분히 설명 가능한 로직logic이 있는 것입니다.

통찰

12

시대를 너무 앞서가신 하나님의 잘못이시기에

: 중첩superposition과 메타버스Metaverse 구현

[창세기 3:21] 여호와 하나님이 아담과 그의 아내를 위하여 가죽옷을 지어 입히시니라

———

[**중첩**superposition] 두 가지의 상태가 동시에 존재하고 있음을 의미

[**메타버스**metaverse] 현실 세계와 같이 인간의 생활이 가능하도록 구현해 놓은 3차원 가상공간

'옷이 그게 뭐야? 신발이 그게 뭐야? 머리가 그게 뭐야?' 과거

에는 비난의 대상이었던 스타일이나 패션들이 시간이 흘러 어느새 유행이나 트렌드trend가 되어있습니다. 비난을 당했던 사람은 '그래, 시대를 너무 앞서간 내 잘못이지 누구를 탓하겠어?' 하고 자조적 상태가 될 것입니다. 창세기 3장에 보면 인류 최초의 옷도 하나님께서 직접 만들어 주셨음을 알 수 있습니다. 그렇다면 수많은 것들에 있어서 최초로서 시대를 가장 앞서가신 하나님께서는 어쩌면 가장 자조적 상태일 수밖에 없을 듯합니다.

알버트 아인슈타인처럼 어떤 이론에 대한 새로운 영감이나 통찰에 있어서 시대를 앞서 나간 과학자들이 많은 사람의 존경을 받는 이유는 비단 앞서나갔다는 뛰어남 때문만은 아닙니다. 그들의 새로운 영감이나 통찰이 시대를 앞서 나가고 있어서 당대의 다른 사람들이 그것을 잘 이해하지 못할 때, 그들은 말이나 글에만 그치지 않고 그것을 증명하기 위해서 계속적인 구현realization이나 시현revelation 실험을 하였습니다. 다른 사람들도 이해할 수 있도록 하는 증명을 도출하기 위해서 끊임없이 노력했던 그들의 과학자로서의 자세가 많은 사람에게 큰 찬사를 받는 것입니다.

시대를 앞서가도 너무 앞서 나가신 하나님께서도 사건을 통해 직접적으로 현상을 보여주시는 구현realization 또는 시현 revelation의 방법을 가끔씩 사용하셨던 사례들이 있습니다.

우선 3500년 전 성경에서 중첩super position과 얽힘entanglement 을 실제로 구현하신 사건을 소개합니다.

[출애굽기 17:11] 모세가 손을 들면 이스라엘이 이기고 손을 내 리면 아말렉이 이기더니

이스라엘은 아말렉과의 전쟁에서 모세는 산꼭대기에서 지팡 이를 들고 있고 여호수아는 전쟁터에서 싸움을 하고 있습니다. 그런데 이상하게도 모세의 손이 올라가면 이스라엘이 이기고, 모세의 손이 내려오면 이스라엘이 지는 특이한 현상이 일어납 니다. 전쟁의 승패 상황이 모세의 기도나 응원에 기인하는 현 상이라면 손의 위치는 싸움의 진행과 전혀 무관할 것입니다. 하물며 다른 사람들이 지친 모세의 손을 계속 받쳐서 아래로 절대 내려오지 못하게 하는 작위적인 행동으로도 전쟁터에서는 이스라엘이 계속해서 아말렉을 무찌르게 됩니다. 이 사건을 통 해 하나님께서는 확률이나 인과관계와는 전혀 다른 중첩과 얽 힘이라는 분명히 존재하는 양자물리적 현상이 거시 세계에서

도 존재할 수 있음을 정확하고 쉽게 시현해 주신 듯합니다.

메타버스metaverse가 구현된 또 하나의 사건이 있습니다.

[에스겔 40:4] 그 사람이 내게 이르되 인자야 내가 네게 보이는
이것을 눈으로 보고 귀로 들으며 네 마음으로 생각할
지어다 내가 이것을 네게 보이려고 이리로 데리고 왔
나니 너는 본 것을 다 이스라엘 족속에게 전할지어다
하더라

[스가랴 1:8] 내가 밤에 보니 한 사람이 붉은 말을 타고 골짜기
속 화석류나무 사이에 섰고 그 뒤에는 붉은 말과 자
줏빛 말과 백마가 있기로

[아모스 3:7] 주 여호와께서는 자기의 비밀을 그 종 선지자들에
게 보이지 아니하시고는 결코 행하심이 없으시리라

[민수기 23:19] 하나님은 인생이 아니시니 식언치 않으시고

초월적이라는 의미의 메타meta와 우주나 세계라는 의미의 버
스verse에서 알 수 있듯이 '메타버스'라는 단어는 어원부터 다
분히 성경적입니다. 그렇다면 하나님께서는 언제 처음으로 성
경을 통해 우리에게 메타버스의 개념을 미리 알려주셨을까 궁

금해집니다.

현대 사회에서는 메타버스가 박물관이나 쇼루밍showrooming 같은 전시공간의 구현에서 효과적으로 활용되고 있습니다. 에스겔 선지자의 이상을 통해 목격한 성읍과 성전 그리고 지성소 등에 대한 다양하고 구체적이고 섬세한 묘사를 읽다 보면 그 디테일detail과 리얼리티reality 측면의 완성도가 절정을 이룹니다. 한 땀 한 땀 측량하면서 한 걸음 한 걸음 통과해 가는 에스겔 선지자를 따라 성읍과 성전 그리고 지성소 메타버스 공간을 간접 체험할 수가 있습니다. 어느 때는 읽다가 길을 잃어버린 듯 착각을 일으킬 정도입니다.

사람의 과학과 메타버스 기술이 발전하면서 하나님께서 수천 년 전에 시현하신 에스겔의 환상, 스가랴의 환상, 다니엘과 계시록의 예언들 그리고 복음서의 변화산 등과 유사하게 황홀하고, 생생하고, 정확한 메타버스 홀로그램hologram들이 세상에 등장하고 있습니다. 수천 년 전에 하나님께서 하셨던 일을 지금은 사람들도 할 수 있게 되면서 과거에는 허무맹랑해 보이던 성경의 사건들이 충분히 가능할 수 있었음이 증명되고 있는 것입니다.

통찰

13

태양이 멈춘 사건은 안 되고?
'쌍둥이 역설'은 되고?

: 누가 멈추든 상관없다

[여호수아 10:12] 태양이 머물고 달이 멈추기를 백성이 그 대적에게 원수를 갚기까지 하였느니라 아살의 책에 태양이 중천에 머물러서 거의 종일토록 속히 내려가지 아니하였다고 기록되지 아니하였느냐

[이사야 38:8] 보라 아하스의 해시계에 나아갔던 해 그림자를 뒤로 십도를 물러나게 하리라 하셨다 하라 하시더니 해시계에 나아갔던 해의 그림자가 십도를 물러가니라

[쌍둥이 역설Twin paradox] 아인슈타인의 상대성이론Theory of

Relativity에서의 움직이는 물체에서는 시간이 천천히 흐른다는 시간 팽창과 관련하여 우주선을 탄 쌍둥이 형과 지구에 남은 쌍둥이 동생 사이에 존재하는 모순을 가리키는 말, 즉 형 입장에서는 형이 멈춰 있고 동생이 움직인 것으로 간주할 수 있다는 논리의 주장

[세계선World line] 시간과 공간을 양축으로 하는 4차원 공간에서의 위치를 나타내는 선

[벡터vector] 위치, 속도, 힘 등 크기와 방향을 동시에 갖고 있는 물리량

성경의 여호수아와 이사야에서는 해를 멈춘 사건이 등장합니다. 여호수아에는 아모리민족과의 전쟁 중에 하루 꼬박 해와 달이 멈추었다고 되어 있습니다. 이사야서에서는 히스기아왕의 수명 연장의 언약으로 해시계의 그림자가 십도 뒤로 되돌려졌다고 말하고 있습니다.

성경에 대한 비판주의자들은 지동설heliocentric theory에 기반하여 지구가 멈췄다고 하지 않고. 어리석은 천동설geocentric theory에 기반하여 해가 멈췄다고 했기 때문에 성경은 진리가 아니라고 주장하기도 합니다.

현대 물리학의 양대 산맥 중의 하나인 아인슈타인의 일반 상대성이론the general theory of relativity과 관련된 '쌍둥이 역설Twin Paradox'에서는 지구에 남은 쌍둥이 동생과 우주선을 탄 쌍둥이 형의 상대적 기준에서 오는 패러독스paradox를 고민합니다.

'천동설geocentric theory이냐 지동설heliocentric theory이냐' 하는 누가 움직였는지를 확인하는 것이 의미가 있기 위해서는 반대로 '우주선을 탄 형과 지구에 남은 동생'의 경우처럼 누가 움직였는지가 분명한 사건에서는 그 관계성을 고민할 필요가 없어야 합니다. 역으로 쌍둥이 역설Twin paradox에서 그 관계성을 고민한다는 의미는 천동설과 지동설에서 태양과 지구 중 누가 움직였는지가 중요한 것이 아니라는 의미도 됩니다. 이 경우는 태양과 지구의 절대적 위치의 변화량만이 의미가 있다는 해석을 가능하게 합니다. 즉, 태양이 돌든 지구가 돌든 물리적 변화량은 동일하다는 해석이 가능합니다.

천동설geocentric theory이냐 지동설heliocentric theory이냐가 중요하다는 것은 누가 움직이느냐에 따라 수학적 결과가 다른 경우에만 해당됩니다. 쌍둥이 역설Twin paradox에서 형이 움직인 것이 당연함에도 우리들의 직관과는 달리 공간 물리적으로 형이 움직였다는 것은 반대로 형이 멈춰 있고 동생이 멀어졌다는 물리적 의미를 동시에 갖기 때문에 고민을 하는 것입니다. 지구가 돌았다는 것은 지구가 멈춰 있고 반대 방향으로 태양이 돈 것과 동일한 물리변화인 것입니다.

쌍둥이 역설Twin paradox에서는 시간과 공간을 두 개의 축으로 하는 세계선World line을 기준으로 수학적 묘사를 통해 형과 동생의 물리적 공간에서의 위치에 대한 절대적 변화량을 비교합니다.

쌍둥이 역설Twin paradox을 해결한 논리와 접근법을 적용하면 해가 움직인 경우와 지구가 움직인 경우의 해와 지구의 물리적, 상대적 관계성과 절대적 위치 변화량이 차이가 있는 것은 아닙니다. 계산과정의 벡터vector 값만 달라지는 것뿐입니다.

또한, 지동설을 누구나 알고 있는 현대사회에서도 사람들은 일반적으로 '해가 뜨다', '해가 지다', '해가 길다', '해가 짧다'와 같이 해를 주어로 지구의 자전과 공전을 묘사합니다.

'지구가 아닌 해가 멈췄다'고 말했으니까 성경은 진리가 아니라는 주장은 23.5도의 경사각으로 기울어진 자전축만큼이나 하나님과 성경을 삐딱하게 해석하려고 하는 불신앙unbelief의 경향성과 연관이 있는 것 같습니다.

통찰

14

중요한 건 본질에 대한 추정력

: 태양이 하루 멈춘 건 N-1

[여호수아 10:12] 태양이 머물고 달이 멈추기를 백성이 그 대적에게 원수를 갚기까지 하였느니라 아살의 책에 태양이 중천에 머물러서 거의 종일토록 속히 내려가지 아니하였다고 기록되지 아니하였느냐

[이사야 38:8] 보라 아하스의 해시계에 나아갔던 해 그림자를 뒤로 십도를 물러나게 하리라 하셨다 하라 하시더니 해시계에 나아갔던 해의 그림자가 십도를 물러가니라

고속으로 돌고 있는 지구가 갑자기 멈추면 그 위에 있는 사람이나 건물들은 크게 손상을 입게 되기 때문에 지구가 멈췄다는 것은 터무니없는 이야기라고 주장하는 사람들이 있습니다. 그러

나 성경의 태양이 멈춘 사건(=지구가 멈춘 사건)에 대해서는 일식solar eclipse이나 스펙트럼spectrum 등 창조과학자들의 통찰력으로 사람이나 건물이 해를 입지 않고도 충분히 구현 가능하다는 증명이 이미 완성된 것으로 알고 있습니다. 필자는 태양이 멈춘 사건을 아인슈타인의 일반상대성 이론the general theory of relativity의 중력gravitation에 의한 공간굴곡space curve 현상으로도 충분히 설명 가능한 현상이라고 생각합니다. 더 큰 중력으로 공간굴곡을 더 늘어지게 한다면 지구가 그 굴곡 안에서 더 오래 머물러 있게 하는 것이 충분히 가능할 것입니다. 즉 시간을 지연시킬 수 있는 것입니다. 이렇듯 태양이 멈춘 사건을 설명할 수 있는 과학적 근거는 차고도 넘치는 듯합니다.

[창세기 1:14] 하나님이 이르시되 하늘의 궁창에 광명체들이 있어 낮과 밤을 나뉘게 하고 그것들로 징조와 계절과 날과 해를 이루게 하라

[정규분포normal distribution] 측정량들이 평균에 가까운 곳에 가장 많이 모여 있는 분포형태로서 그래프에서는 평균값을 중심으로 하는 좌우대칭의 종 모양으로 나타남

[자유도] 통계학 용어로서 예를 들어 x, y, z를 나열하는 경우 두 개의 위치가 먼저 정해지면 나머지 한 개는 자동으로 위치가 정해지는 현상을 의미

여기에 더하여 필자는 조금 다른 차원에서 추가적인 통찰을 이야기해 보고 싶습니다. 창세기에서 하나님께서는 태초와 함께 시간이 시작되었고 그 흐름을 태양과 달 두 개의 큰 광명체를 두어 날과 해의 수를 세어 계산하도록 하셨습니다. 언제부터 시작되었는지 언제까지 계속될 것인지를 정확하게 알 수 없는 무한한 시공간에서 태양이 하루 동안 멈춘 것은 수학적으로 아무런 의미가 없습니다. 예를 들어 우주 저 끝에 있는 별에서 빛이 지구까지 날아올 때 중간중간 빛의 굴곡을 일으키는 중력들이 작용한다고 해도 우주의 공간이 무한히 넓기 때문에 그 빛은 전체적으로는 직선으로 보이는 것과 동일한 논리입니다. 수학적으로는 보자면 리미트limit에서 N의 무한대를 가정할 때 $\lim N$과 $\lim(N-1)$은 동일한 값을 갖습니다. 과학이론은 뉴턴의 프린키피아Principia 이래 수학적 증명에 성공했을 때에만 완벽한 이론으로 평가를 받을 수 있습니다. 그래서 과학의 언어는 수학이라는 말이 생겼을 정도입니다. 리미트limit에서 무한대를 가정할 때 $\lim N$과 $\lim(N-1)$은 동일한 값을 갖게 되는 수

학적 증명은 무수히 많은 날 중에 태양이 하루 동안 멈춘 것은 물리적으로 무시가 가능하다는 의미가 되는 것입니다.

한편 통계학에서는 무한대는커녕 표본 수가 100개만 되어도 정상적normal을 의미하는 정규분포normal distribution를 이루게 되고, 통계적 자유도degree of freedom나 표본분산Sample Variance 의 경우처럼 N보다 N−1을 사용할 때 오히려 실체를 더 정확하게 추정할 수 있는 경우도 종종 있습니다.

아마도 태양이 하루 정도 멈추는 것은 우주원리에 아무런 영향을 주지 않기 때문에 하나님께서도 태양의 일시적인 정지(= 지구의 일시적인 정지)를 허락하신 것이 아닐까 하는 추측도 가능해지는 지점입니다.

통찰

15

땀 한 방울로 무질서는 시작되고

: 첫 엔트로피Entropy의 등장

[**엔트로피**entropy] 열이 저온에서 고온으로는 이동할 수 없다는 열역학 제2 법칙에서 파생해서 나온 개념으로서 열량의 변화를 온도로 나눈 값, 낮은 온도보다 높은 온도에서 분자의 활동이 자유분방해짐을 착안하여 자연과학뿐 아니라 사회과학에서도 무질서도의 측정개념으로 사용되고 있음

[**고립계**isolated system] 계system와 계의 외부인 주위surrounding 사이에서 물질과 에너지 모두의 이동이 불가능한 계

열역학thermodynamics 제2 법칙을 엔트로피entropy 법칙이라 도 부릅니다. 법칙law은 이론theory이나 가설hypothesis과 달리

결과가 반복적이고 예외성이 없는, 또 향후에도 그 원리가 파괴되기 어려운 설명력을 가지고 있을 경우에만 부여되는 정의definition이며 레토릭rhetoric입니다. 그러므로 엔트로피의 개념을 이해한다는 것은 중요한 의미가 있습니다.

필자가 이해한 엔트로피의 대략적 개념은 이렇습니다. 다른 힘이나 영향이 가해지지 않는 고립계closed system에서 열은 고온에서 저온으로만 이동합니다. 반대의 현상이 불가능한 비가역성irreversibility을 갖고 있습니다. 분자적으로는 차가운 얼음이 열을 받아서 물로 변하는 경우처럼 분자의 움직임이 자유분방무질서해지는 방향으로 흐르게 됩니다. 이것은 분자의 무질서 상태disordering를 이루는 경우의 수가 질서 상태를 이루는 경우의 수보다 비교할 수 없을 만큼 크기 때문입니다. 예를 들어 숫자 1, 2, 3이 질서 있게 작은 순서대로 나열되는 경우의 수는 1/2/3 하나이지만, 숫자의 순서가 뒤섞이는 경우는 1/3/2, 2/1/3, 2/3/1, 3/1/2, 3/2/1 다섯 개가 됩니다. 숫자의 개수가 늘어나면 늘어날수록 순서가 뒤섞이는 경우의 수는 점점 더 많아집니다. 다시 말해 변수들이 많으면 많을수록 질서상태로 갈 확률은 불가능0에 가까워지고, 무질서 상태가 될 확률은 100%에 근접하게 된다는 의미입니다. 우주에는 수많은 변수가 있으므로 점점 무질서하게 될 수밖에 없다는 것입니다. 이 무질서의 정도는 열역학thermodynamics에서는 일에 사용되지 못한 쓸모없는 에너지와 의미적 동치equivalence가 됩니다. 사람이 먹은 음식으로 인체 내의 미토콘드리아mitochondria가 에너지를 만들 때 활성산소active oxygen가 생기는 현상이나, 내연 자동차에서 배기가스가 방출되는 현상 등이 모두 무질서화로 가는 부산물의 예들입니다. 수식적으로는 '엔트로피=열량변화/온도'라고 공식formula화하여 그 이름을 엔트로피라고 부르기로 했습니다. 열량변화가 동일하다면 온도가 낮을수록 즉 엔트로피 공식에서 분모가 작을수록 엔트로피가 크다는 개념입니다. 이 공식에 의하면 열은 고온에서 저온으로만 이동하니까 우주 전체에는 엔트로피가 계속 증가하게 됩니다. 따라서 엔트로피의 증가를 시간의 흐름이라고도 볼 수 있으며, 엔트로피가 더 이상 증가될 수 없을 만큼 사용 가능한 모든 에너지가 소진되었을 때 우주의 역사도 끝나게 된다는 로직 플로우logic flow입니다.

[창세기 1:17] 아담에게 이르시되 네가 네 아내의 말을 듣고 내가 네게 먹지 말라 한 나무의 열매를 먹었는 즉 땅은 너로 말미암아 저주를 받고 너는 네 평생에 수고하여

야 그 소산을 먹으리라

[창세기 1:19] 내가 흙으로 돌아갈 때까지 얼굴에 땀을 흘려야
　　　　 먹을 것을 먹으리니 네가 그것에서 취함을 입었음이라

엔트로피(S)=열량변화량(Q)/온도(T)

한편 성경에 의하면 태초에 세상은 가장 아름답고 질서 있게, 즉 하나님이 보시기에 좋았다고 하실 만큼 완벽한 상태로 창조가 되었습니다. 그러나 동산의 모든 과실은 먹어도 되지만 딱하나, '선악과'만은 먹지 말라는, 하나님과 사람 사이의 완벽한관계 유지를 위한 최소한의 약속을 사람이 자신에게 허락된 자유의지를 잘못 사용하여 위반하였습니다. 이에 따라 죄와 타락이 유입되면서 세상은 점점 상태가 악화하게 되었다고 합니다.

엔트로피와 성경 모두 세상과 우주는 점점 무질서해지고, 삭막해지고, 악화되는 방향성의 요인을 갖고 있다는 점에 대해서는 서로 공유 가능한 우주관입니다. 이 부분과 관련하여 필자가 성경에서 발견한 엔트로피 현상이 세상에 첫 도입이 되는장면을 소개하려고 합니다.

창세기 3장 19절 "네가 흙으로 돌아갈 때까지 얼굴에 땀을 흘려야 먹을 것을 먹으리니", 이 부분입니다. 여기에서 하나님께서는 그냥 '일을 해야만'이라는 말 대신에 '땀을 흘려야만'으로 말씀하십니다. 몸에 부담이 가지 않는 적당량의 일은 땀을 흘리지 않아도 됩니다. 땀은 힘을 더 들여야 하는 고통의 의미가 담겨있습니다. 힘 또는 에너지가 전부 일에 사용되지 못하고 일부는 쓸모없는 엔트로피로 빠지는 것처럼, 사람의 힘도 생산을 위한 일에 전부 사용되지 못하고 일부가 땀의 형태로 소실될 것이라는 말씀으로 이해가 됩니다.

잠시였지만 사람이 하나님께 순종했던 동안의 처음의 보기 좋고 완벽했던 환경에서, 인간의 불순종과 타락collapse 이후 나쁘고 비효율적인 환경으로 급하게 질서를 바꾸시겠다는 하나님의 의지처럼 느껴집니다. 필자는 '땀을 흘려야만'이라고 그 의지를 선포하신 것이 바로 '엔트로피의 시작'은 아닐까 하고 생각합니다.

통찰

16

엔트로피^{Entropy}는 무질서도 딱 거기까지만!

: 시간은 광명체의 몫

[창세기 1:14] 하나님이 이르시되 하늘의 궁창에 광명체들이 있
       어 낮과 밤을 나뉘게 하고 그것들로 징조와 계절과
       날과 해를 이루게 하라
[골로새서 2:8] 누가 철학과 헛된 속임수로 너희를 노략할까 주
       의하라 이것이 사람의 유전과 세상의 초등학문을 좇
       음이요 그리스도를 좇음이 아니니라

[엔트로피entropy] 열이 저온에서 고온으로는 이동할 수 없다는
열역학 제2 법칙에서 파생해서 나온 개념으로서 열량의 변화를
온도로 나눈 값, 낮은 온도보다 높은 온도에서 분자의 활동이

자유분방해짐을 착안하여 자연과학뿐 아니라 사회과학에서도 무질서도의 측정개념으로 사용되고 있음

하나님께서는 낮과 밤을 기준으로 하는 시간을 창조하셨고, 그것을 정량화할 수 있도록 태양과 달 두 개의 큰 광명체를 두셨다고 분명하게 말씀하십니다.

빛과 함께 질서를 부여하신 것입니다. 그것이 지구상에서 흘러가는 시간입니다.

한편 많은 물리과학자가 시간이 정말로 존재하는 것인지에 대해서 의구심을 표출합니다. 과학자들의 의구심은 시간을 물리적으로, 수학적으로 설명하는 방법을 찾아내야 한다는 강박관념으로 연결되어 열역학thermodynamics의 엔트로피entropy를 매개변수파라미터, parameter로 시간을 설명하게 되었습니다. 시간은 과거로 돌아갈 수 없다는, 즉 시간의 비가역성irreversibility을 외부와 완전히 차단된 고립계에서 낮은 온도에서 높은 온도로 저절로 돌아갈 수 없다는 열의 비가역성과 엮어서, 시간은 엔트로피가 증가하는 방향으로 흐른다는 로직logic을 개발했습니다. '엔트로피=열량변화/온도'라는 등식에 의해 열량변화가 동일하다면 온도가 낮을수록 엔트로피가 커진다는 개념입니다.

즉, 열은 고온에서 저온으로 이동하니까 엔트로피가 증가하는 방향으로 우주와 시간이 흐르고 있다는 개념인 것입니다.

필자는 엔트로피의 시간에 대한 일정 부분의 설명력을 평가하기 이전에 시간을 설명하기 위한 엔트로피 개념의 필요성에 대한 의문이 앞섭니다. 하나님께서는 천지창조와 함께 시간이 시작되었고, 해와 달을 이용하여 날과 해의 숫자를 세어 가면 된다고 말씀하셨습니다. 즉, 지나간 낮과 밤의 숫자가 증가하는 방향으로 시간이 흘러간다는 방향성을 분명히 제시하셨기 때문에, 굳이 엔트로피가 증가하는 방향과 시간을 엮으려고 하는 과학적 시도scientific trial에 대해 필자는 의구심이 생기는 것입니다. 즉, 필자는 성경 어디에서도 하나님께서 열 또는 에너지와 시간을 연관 지으신 말씀이나 사례case를 아직 발견하지 못하였습니다.

예를 들어 로봇과학이 발전함에 따라 사람이 밥을 먹기 싫다고 해서 밥을 대신 먹는 로봇을 만들려고 한다면 그것은 어리석은 일일 것입니다. 로봇이 아무리 먹어도 사람의 배고픔이 해소될 수는 없는 것입니다.

또 인간은 과학을 발달시켜 일부 물질이 반감기half-life와 안정화 과정에서 핵이 붕괴될 때 발생하는 방사능 입자들이 만들어내는 방사선radiation의 투과성penetrability이나 자기력에 의한 자기장magnetic의 공명성resonance을 이용하여 인체 내부를 촬영할 수 있게 되었습니다. 그렇다고 해서 엑스레이X-ray나 MRIMagnetic Resonance Image를 가지고 사람의 마음까지 찍어낼 수는 없습니다.

열역학의 엔트로피는 분자의 무질서도disordering를 설명하는 것만으로도 그 가치가 충분합니다. 엔트로피를 확대 사용하여 영역이 완전히 다른 시간의 개념까지도 설명하려고 한다면, 그것은 엑스레이X-ray나 MRI를 가지고 사람의 마음까지도 찍어내려고 하는 것과 유사한 과유불급과 강박관념이 아닐 수 없습니다.

[창세기 11:4] 성읍과 탑을 건설하여 그 탑 꼭대기를 하늘에 닿게 하여 우리 이름을 내고

[마태복음 24:36] 그러나 그날과 그때는 아무도 모르나니 하나님의 천사들도, 아들도 모르고 오직 아버지만 아시느니라

이렇듯 필자가 엔트로피의 시간 설명시도에 대해 불편한 마음을 갖는 것은 마태복음 24장에서와같이 예수님께서 직접 말씀하시기를 예수님조차도 알 수 없고, 오직 하나님만이 정하시는 것이라고 하신 '세상의 끝'을 과학자들은 엔트로피가 더 이상 증가하지 않는 상태라고 예단해 버리는 과유불급 때문입니다. 일부 과학자들은 엔트로피의 증가를 시간의 흐름으로 결부하여, 엔트로피가 더 이상 증가될 수 없을 만큼 사용 가능한 모든 에너지가 소진되었을 때가 바로 역사의 끝이라고 주장합니다. 이러한 지나치고 위험한 발상이 바벨탑을 쌓아 올리던 창세기 옛사람들의 교만과 우를 반복하는 것은 아닌지를 경계하게 되는 것입니다.

통찰

17

즐겁게 춤을 추다가 그대로 멈춰라!

: 자유의지에 대한 인사이트^{insight} 대안

[이사야 45:9] 질그릇 조각 중 한 조각 같은 자가 자기를 지으신
이와 더불어 다툴진대 화 있을진저 진흙이 토기장이
에게 너는 무엇을 만드느냐 또는 네가 만든 것이 그
는 손이 없다 할 수 있겠느냐

[예레미야 18:6] 이스라엘 족속아 진흙이 토기장이의 손에 있음
같이 너희가 내 손에 있느니라

[로마서 9:21] 토기장이가 진흙 한 덩이로 하나는 귀히 쓸 그릇
을, 하나는 천히 쓸 그릇을 만들 권한이 없느냐

구약성경의 이사야. 예레미야 그리고 신약성경의 로마서에서
는 하나님을 토기장이로, 인간을 하나님께서 만드신 토기로 비

유하고 있습니다. 토기장이가 토기를 귀하게 만들든지 천하게 만들든지 토기장이의 마음이며, 모든 것은 토기장이가 결정한다는 말씀처럼 읽힙니다. 이 말씀들은 인간이 잘못하면 하나님의 의지로 징계할 수도 있고, 나아가서는 폐망시키거나 멸절시킬 권리가 토기장이인 하나님께 있다는 의미입니다.

인간의 죄나 잘못을 전제로 하시는 말씀인데 사람들은 이 말씀을 오해하여 하나님께 반문합니다. 결정권한이 하나님께 다 있다면 왜 인간을 타락하게 가만두었냐는 반문입니다. 여기에서 결정론determinism 또는 예정론predestination과 인간의 자유의지free will 사이에서 상충하는 부분이 발생하게 됩니다.

이 논쟁은 닭이 먼저냐 알이 먼저냐의 논쟁이 아닙니다. 모든 것을 찢을 수 있는 창과 모든 것을 막을 수 있는 방패 사이의 논쟁입니다. 전지전능하신 분이 왜 자유의지가 잘못 쓰이는 것을 막으시지 않았냐는 항변에서 시작됩니다. 전지전능함Almighty이 붕괴되거나 자유의지free will가 없어지든지 한쪽이 사라져야만 이해가 되는 상황처럼 보이긴 합니다.

아우구스티누스Augustinus 시대부터 종교개혁시대를 지나 현대까지도 신학자들 사이에서 결정론예정론과 자유의지론에 대한 끊임없는 논쟁은 계속되고 있습니다. 그러나 이 논쟁들은 하나님께서 확정시켜 주시지 않은 오로지 사람들의 견해일 뿐이어서 결정론결정설, 예정론예정설, 자유의지론자유의지설처럼 여전히 '론'이나 '설'이라는 꼬리표가 달려있습니다.

법칙law은 이론theory이나 가설hypothesis과 달리 결과가 반복적이고 예외성이 없는 또 향후에도 그 원리가 파괴되기 어려운 설명력을 가지고 있을 경우에만 부여되는 정의definition이며 레토릭rhetoric입니다. 그래서 아마도 결정설, 예정론, 자유의지론 등에서 '설'이나 '론'이 '법칙'으로 바뀌게 되는 것은 영원히 불가능할 것 같기도 합니다. 하나님의 전지전능하심이 인간의 지성 수준에서는 늘 모순으로 느껴질 것이기 때문입니다. '전지전능하셨는데 왜 인간의 타락을 막지 않으셨나?' 하는 하나님의 공의에 대한 인간 관점에서의 의문이기 때문입니다.

최근 일방적인 한쪽 주장이 아닌 예정과 자유의지와의 조화, 또는 하나님과 인간의 협력관계 등 동시성 관점의 견해들이 인정되고 있는 분위기도 등장하고 있습니다만, 필자는 예전부터 예정론과 자유의지론 사이의 칼로 무를 자르는 것 같은 양분 논쟁이 이해가 되지 않았었습니다. 예정론과 자유의지론이 동시에 양립할 수 있는 대안적 통찰이 가능하다고 생각했었기 때문입니다.

[창세기 1:21] 하나님이 큰 물고기와 물에서 번성하여 움직이는 모든 생물을 그 종류대로, 날개 있는 모든 새를 그 종류대로 창조하시니 하나님의 보시기에 좋았더라

[창세기 6:6] 땅 위에 사람 지으셨음을 한탄하사 마음에 근심하시고

[나훔 1:2] 여호와는 질투하시며 보복하시는 하나님이시니라

[말라기 1:2~3] 내가 야곱은 사랑하였고 에서는 미워하였으며

[로마서 9:13] 기록된 바 내가 야곱은 사랑하고 에서는 미워하였다 하심과 같으니라

성경은 하나님도 감정을 가지고 계시다고 확실하게 알려주십니다. 창세기에서는 "보기에 좋았더라"를 여러 번 반복하시고, 노아 시대에는 인간 창조를 후회하신다고도 말씀하셨습니다. 나훔에서는 질투하신다 하셨고 말라기와 로마서에는 에서를 미워하고 야곱을 사랑하셨다는 말씀도 있습니다. 그 외에도 성경 여러 곳에서 하나님의 여러 감정이 표현됩니다.

'선하신 하나님이신지' '무서운 하나님이신지'는 개인과 하나님의 일대일 관계로서 차제에 두기로 하고, 하나님께서 자유의지를 허락하시는 것에 대한 필자의 통찰은 이렇습니다. 하나님의 형상image을 따라 인간을 창조하셨고, 인간에게 '지정의intellect, emotion and will'를 주셨다면 하나님도 사람에게 주신 것과 비슷한 '지정의intellect, emotion and will'를 가지고 계실 것입니다. 일반적으로 '모든 것을 많이 아는 것', 즉 '지식이 풍부한 것'을 훌륭하다고 인식합니다. 한편 "다 알면 재미가 없다."라는 말이 주는 별도의 뉘앙스nuance가 있습니다. 쉬운 예로 사람들은 영화나 드라마의 줄거리를 미리 공개하는 스포일러spoiler를 좋아하지 않습니다. 다 아는 것이 좋지만 때로는 다 아는 것이 좋지 않거나 불편한 경우도 있는 것입니다.

비슷한 맥락에서 생각해보면 하나님께서 인간에게 자유의지를 주심은 전지전능하지 못함을 의미하는 것이 아닙니다. 대신에 인간의 자유의지가 하나님의 감정 속성상 또는 하나님과 사람의 관계구조의 원칙상 꼭 필요한 구성요소가 될 수도 있는 것입니다.

'즐겁게 춤을 추다가 그대로 멈춰라!' 이 게임의 참여자도 관찰자도 멈췄을 때 즉흥적으로 멈춰진 모양을 알게 됩니다. 어떤 모양으로 멈출지를 미리 계산한다면 이 게임을 하는 이유나 원칙이나 흐름에 부합하지 않습니다. 이렇듯 '모르시는 것'이 아니라 '몰라주는 것'도 하나님의 능력이시고 우주가 돌아가는 섭리의 일부일 수 있습니다.

하나님의 '알 수 있는 능력'과 '알지 않고 있는 능력'이라는 함께 있을 수 없을 것 같은 두 가지 상태의 혼재! 이것은 그냥 받아들여야 하는 신앙의 영역만은 아닙니다. 현대 양자역학은 동시에 존재하는 것이 불가능한 것으로 여겨졌던 두 가지 상태가 미시 세계에서는 양자중첩quantum superposition이라는 현상으로서 존재하고 있음을 확인하였습니다. 광자, 전자 등 양자들은 입자이면서 파동으로서 동시에 존재하다가 관측이 되는 순간 둘 중 하나로 확정이 된다는 것입니다. '즐겁게 춤을 추다가 그대로 멈추는 것'과 비슷합니다. 손을 들고 멈출지 발을 들고 멈출지는 그 관측순간에 결정됩니다.

양자라는 미시세계만을 들여다보게 되었을 때도 '양자중첩 quantum superposition'이라는, 상상도 할 수 없고 믿어지지도 않았던 상황이 실제로 일어나고 있음이 확인되었습니다. 하물며 아직 눈으로 확인되지 않은 영spirit이신 하나님의 공간에서는 하나님의 '알 수 있는 능력'과 '알지 않고 있는 능력' 또는 '예정하심'과 '자유의지 부여' 등의 상충하는 것으로 보이는 관계들의 중첩상태가 충분히 가능할 것이라고 필자는 추측합니다.

통찰

18

마음을 들키는 사람들

: 딥 뉴로 네트워크^{deep neuro network} 그 이상에서는?

[사무엘상 16:7] 내가 보는 것은 사람과 같지 아니하니 사람은 외
모를 보거니와 나 여호와는 중심을 보느니라 하시더라
[잠언 16:2] 사람의 행위가 자기 보기에는 모두 깨끗하여도 여
호와는 심령을 감찰하시는도다
[민수기 23:19] 하나님은 인생이 아니시니 식언치 않으시고

———

[**딥 뉴로 네트워크**deep neuro network] 인공지능AI에게 사람의 시냅
스처럼 정보를 기억하고 활용하도록 훈련시키는 기술
[**뉴런**neuron] 감각기관이 전달한 정보를 뇌에서 판단하는 일련의
과정을 가능하게 하는 신경세포의 기본 단위

[시냅스synapse] 뉴런 상호 간 또는 뉴런과 다른 신경세포 사이의 결합관계나 부위

[chat GPT] 미국의 OpenAI사에서 개발한 대중화된 AI인공지능

[알고리즘algorism] 일정한 규칙, 절차를 따르는 공식의 개념

성경의 사무엘상 16장 7절에서 하나님께서 외모 대신에 보신 다는 중심이 '마음'을 의미한다는 것을 반론하는 사람은 아무도 없을 것입니다. "열 길 물속은 알아도 한 길 사람 속은 알 수 없다"는 말이 있습니다. 사람은 다른 사람의 마음을 짐작은 할 수 있어도 정확하게 볼 수는 없습니다. 혈액형이나 MBTIThe Myers-Briggs type indicator도 통계적 신뢰성을 100%로 담보할 수는 없습니다.

그런데 하나님께서는 사람의 마음을 볼 수 있다고 말씀하십니다. 그러나 하나님은 식언하거나 허언하지 않으시는 하나님이 십니다. 그렇다고 선하시고 완전하신 하나님께서 도박장 같은 선하지 못한 장소에서도 사용되고 있는 방법인 비결정적 '게임이론Game Theory'이나 '죄수의 딜레마Prisoner's dilemma' 같은 확률성을 이용해서 사람의 마음을 추정하신다면 그거야말로 넌센세이션non-sensation이 아닐 수가 없을 것입니다.

과거에는 사람의 육안으로 볼 수 없었던 것들이 과학의 발달과 함께 전자기기, 자기기기 등을 이용하여 볼 수 있게 되었습니다. 빛이라는 전자기파electromagnetic wave를 이용하는 인간의 눈은 신체의 외관만을 볼 수 있었는데, 투과력과 파동성이 뛰어난 방사선 같은 새로운 전자기파electromagnetic wave의 발견으로 신체의 내부조직까지도 들여다볼 수 있게 된 것입니다.

그뿐이 아닙니다. 딥 러닝deep learning이나 딥 뉴로 네트워크deep neuro network 기술을 활용하여 인공지능AI이나 chat GPT를 사람의 뉴런neuron이나 시냅스synapse처럼 훈련시키면 세상의 모든 정보를 활용해서 말도 하고, 일도 하고, 남의 마음도 추정해냅니다.

한편 사람들은 현재 모바일mobile이나 웨어러블wearable을 이용한 실시간 뇌파측정도 가능합니다. 어떤 사람이 지금 '무엇을 필요로 하는지', '무엇을 먹고 싶은지' 등을 말하지 않아도 빅데이터BigData와 알고리즘algorism에 의해 추정할 수 있습니다. 이런 기술들에 활용되는 정보는 디지털digital이기에 가능하고, 디지털은 결국 양자역학의 전자입니다.

예수님께서는 부활된 몸으로 음식을 드시고 벽을 통과하셨습니다. 통찰 02에서 서술한 바와 같이 입자성과 파동성을 자유롭게 활용하십니다. 양자역학의 수준에서 이해가 가능한 빛이신 하나님의 전자기파적, 물리적 특징이 그 정도라면 '영이신 하나님은 어디까지 가능하실까?' 하는 상상이 가능해집니다.

과학이 사용하는 합리적 추정의 방법론을 차용하는 것이 가능하기 때문입니다. 과학자들은 물체를 구성하고 있는 탄소 비율의 비례 또는 반비례 관계에 의해서 연대기를 추산하고, 지구로부터 멀어진 은하수의 거리에 비례해서 우주의 나이를 추정합니다. 그것이 정말로 맞는지는 아무도 알 수 없지만 과학적이고 논리적인 접근 방법인 것만큼은 분명하기 때문에 그 주장은 존중을 받습니다.

'전능하시니까 다 하실 수 있겠지.' 하는 무조건적인 신앙의 차원이 아닌, 비로소 관측이 된 양자역학 범위에서 그 정도라면 아직 눈으로 관측이 되지 않은 '영'의 공간에서는 양자 이상의 무언가의 특징이 존재할 것이라는 합리적 추정이 가능한 것입니다. 무조건적인 믿음이 아닌 과학적 추정 함수 상으로도 '하나님께서 사람의 마음을 보실 수 있는 알고리즘algorism'은 충분히 존재할 수 있을 듯합니다.

통찰

19

형님 먼저 아우 먼저, 성경 먼저 과학 먼저

: 과학이 준 선물, 닫힌계와 엔탈피Enthalpy

[아모스 3:7] 주 여호와께서는 자기의 비밀을 그 종 선지자들에게 보이지 아니하시고는 결코 행하심이 없으시리라

[**열린계**open system] 계system와 계의 외부인 주위surrounding 사이에서 물질과 에너지 모두의 이동이 가능한 계

[**닫힌계**closed system] 계system와 계의 외부인 주위surrounding 사이에서 물질의 이동은 불가능하지만 에너지의 이동은 가능한 계

[**고립계**isolated system] 계system와 계의 외부인 주위surrounding 사이에서 물질과 에너지 모두의 이동이 불가능한 계

[**엔탈피**enthalpy] 특정 온도와 압력에서 갖는 물질의 에너지 값으

로서, 절댓값보다는 발열반응과 흡열반응 등으로 이동 가능하게 되는 변화량에 초점을 둔 개념

[로지스틱스logistics] 합리적이면서 종합적인 유통을 위한 시스템이나 기술 체계

　구약 아모스 3장 7절은 하나님께는 사람이 알지 못하는 비밀이 있고, 그 비밀을 행하시기 전에는 선지자를 통해 사람들에게 미리 알게 해 주신다는 의미로 해석이 가능합니다. 미리 알도록 보여주신다는 것은 어떠한 암시라고 생각할 수 있고, 그 암시들을 잘 활용하면 미래를 예측할 수 있다는 의미도 될 것입니다. 필자는 그 암시들을 잘 활용함에 과학의 역할이 있다고 생각합니다.

　한편 하나님으로부터 인간으로의 방향성을 갖고 있는 하나님의 말씀과 대조적으로, 인간으로부터 절대자로의 방향성을 갖고 있는 과학이 성경을 유추inference할 수 있는 통찰을 먼저 제시하는 경우도 있습니다. 성경과 과학은 서로가 서로에게 힌트hint를 제공해 주고 있는 것입니다. 따라서 누가 우선이냐를 따지기에 앞서 좋은 형과 좋은 동생처럼 좋은 관계가 잘 정립되면 서로에게 선한 영향력을 줄 수 있습니다. 하나님의 말씀

을 통해 과학을 더 쉽게 이해할 수도 있고, 반대로 과학을 통해 하나님 말씀의 진리 됨을 깨달을 수도 있습니다. 그런 의미에서 성경과 과학은 대체관계가 아닌 보완관계에 더 가깝다고 할 수 있을 것입니다.

[출애굽기 2:3] 더 숨길 수 없게 되매 그를 위하여 갈대 상자를 가져다가 역청과 나무 진을 칠하고 아기를 거기 담아 나일 강 가 갈대 사이에 두고

[신명기 33:24] 아셀에 대하여는 일렀으되 아셀은 아들들 중에 더 복을 받으며 그의 형제에게 기쁨이 되며 그의 발이 기름에 잠길지로다

[민수기 23:19] 하나님은 인생이 아니시니 식언치 않으시고

성경 출애굽기의 아기 모세를 강물에 띄운 나무 상자에 방수를 위해 역청현대의 아스팔트을 발랐다는 이야기에서 힌트를 얻어 이집트 나일강 주변을 시추하여 유전oil field을 찾아냈다는 미국의 석유기업인 엑슨모빌ExxonMobil의 일화가 유명합니다. 또, 이스라엘 자손 열두 지파 중에 아셀 지파의 발이 기름에 잠길 것이라는 신명기 모세의 유언을 근거로 석유가 나지 않던 이스라엘에서 시추에 도전하여 아셀 지파branch가 차지하고 있던 땅

에서 유전을 찾아낸 '기보트 올람Giv'ot Olam'이라는 이스라엘 석유탐사기업의 이야기도 있습니다. 이 일화들은 수천 년 전의 성경 말씀을 있는 그대로 믿고 현대 산업과 과학에 활용하여 큰 성공을 거둔 사례들로서 자주 회자되고 있습니다.

> [사도행전 17:11] 베뢰아에 있는 사람들은 데살로니가에 있는 사람들보다 더 너그러워서 간절한 마음으로 말씀을 받고 이것이 그러한가 하여 날마다 성경을 상고하므로

이렇듯 대체로 하나님의 말씀으로부터 과학이 영감을 얻는 경우가 많으나, 필자는 간혹은 과학을 통해서 통찰을 얻어 하나님께서 아직 뚜렷하게 밝히지 않으신 하나님의 일이나 비밀에 대해서 '이것이 그러한가?' 하여 사도행전의 베뢰아 사람들처럼 상고를 할 때가 있습니다.

물론 하나님께서 밝히지 않으신 일을 섣불리 판단해서는 안 되겠지만 즐거운 상상 정도의 가벼운 마음으로 필자가 과학으로부터 통찰하여 '아마도 하나님의 섭리가 이건 이렇지 않을까?' 하는 하나의 개연성probability을 소개해 보려고 합니다.

물리과학 특히 열역학에서는 계system와 주위surrounding라는 개념을 사용합니다. 계와 주위 사이의 물질이나 에너지의 교환 가능성 여부에 따라서 열린계open system, 닫힌계closed system, 고립계isolated system로 구분하는데 물질과 에너지 모두가 교환되는 계를 열린계, 물질은 교환이 안 되지만 에너지만 교환이 가능한 계를 닫힌계, 둘 다 교환이 불가능한 계를 고립계라고 부릅니다. 예를 들어 지구라는 계는 주위에 있는 태양으로부터 물질의 이동은 없지만 태양빛 같은 에너지를 받고 있으므로 이 경우 지구는 닫힌계라고 설정할 수 있습니다.

한편 우리가 살고 있는 우주 전체를 하나의 계로 볼 때 무한한 우주의 모든 내부에너지(위치에너지+운동에너지)의 절댓값을 측정하는 것은 현실적으로 불가능합니다. 다만 과학은 일정한 범위 내에서 화학적, 물리적 반응으로 달라지는 에너지의 변화량을 측정함으로써 우주규칙이나 물질원리를 계 전체로 확대, 추정 그리고 일반화시킬 수 있는 것입니다. 이때 사용하는 에너지의 변화량을 엔탈피enthalpy라고 부르고, 엔탈피는 증가하거나 감소할 수가 있습니다.

[고린도후서 12:2] 내가 그리스도 안에 있는 한 사람을 아노니

그는 십사 년 전에 셋째 하늘에 이끌려 간 자라

다시 계로 돌아와서 고린도후서에서 사도바울이 보았다는 3층 하늘 구조에서 2층 하늘인 우주 전체를 하나의 계로 설정하는 경우, 우주 밖의 하나님이 계시는 3층 하늘은 계밖에 있는 주위가 됩니다. 만약 2층 하늘인 우주가 닫힌계라면 주위인 하나님이 계시는 3층 하늘과의 사이에서 물질의 이동은 없어도 에너지의 이동은 가능하게 되는 것이다. 무한한 우주 전체의 처음부터 시작됐던 내부에너지의 그 절댓값은 알 수도 없고 알 필요도 없기 때문에 하나님이 계시는 3층 하늘, 즉 주위로부터 얼마만큼의 새로운 엔탈피가 유입되었는지를 파악하는 것 역시 물리적으로는 무의미합니다. 원래의 양을 모르기 때문에 추가된 양을 아는 것이 인과관계cause and effect를 분석하는 데 큰 의미가 없다는 뜻입니다. 따라서 필자는 엔탈피의 양을 이야기하려는 것이 아닙니다.

그러나 과학이 설정한 계system와 주위surrounding의 개념과 엔탈피enthalpy의 개념 정립은 우주계의 밖, 즉 주위에 위치하시는 하나님과 우주계 안에 위치하는 우리 사람 사이에 에너지가 흐르는 모습을 설명할 수 있는 통찰력을 제공해 줍니다. 즉, 하나님으로부터의 축복에너지, 도움에너지, 치유에너지 등 각종 에너지가 유입되는 계와 주위의 메커니즘mechanism을 충분히 상상할 수 있게 됩니다. 또한, 닫힌계에서의 에너지처럼 움직이시는 예수님의 승천, 성령의 임재, 천사의 현현 등 성경의 초자연적인 현상들을 넉넉하게 설명할 수 있는 로지스틱스logistics의 설정이 가능해집니다.

> [데살로니가전서 4:17] 그 후에 우리 살아남은 자들도 그들과 함께 구름 속으로 끌어 올려 공중에서 주를 영접하게 하시리니 그리하여 우리가 항상 주와 함께 있으리라
> [요한계시록 21:2] 또 내가 보매 거룩한 성 새 예루살렘이 하나님께로부터 하늘에서 내려오니

나아가 가끔은 하늘에서 떨어지는 운석을 받고, 우주선을 발사시키기도 하는 지구를 닫힌계가 아닌 열린계open system로 설정할 수도 있습니다. 마찬가지로 만약 우주 전체를 열린계라고 설정한다면 하나님이 계신 주위surrounding와의 에너지 이동은 물론 쌍방향 물질이동까지도 자유롭게 됩니다. 데살로니가전서의 휴거나 요한계시록의 새 예루살렘의 강림 등과 같은 이미지image들은 '열린계open system'와 '주위surrounding' 사이에서 상

상이 가능해지는 로지스틱스logistics의 모습을 담고 있는 듯해
보입니다.

통찰

20

믿음 소망 사랑은 이 세상 끝까지 영원한 것

: 엔탈피Enthalpy와 엔트로피Entropy의 영원한 전쟁

[고린도전서 13:13] 그런즉 믿음, 소망, 사랑 이 세 가지는 항상 있을 것인데 그 중의 제일은 사랑이라

[엔탈피enthalpy] 특정 온도와 압력에서 갖는 물질의 에너지 값으로서 절댓값보다는 발열반응과 흡열반응 등으로 이동 가능하게 되는 변화량에 초점을 둔 개념

[엔트로피entropy] 열이 저온에서 고온으로는 이동할 수 없다는 열역학 제2 법칙에서 파생해서 나온 개념으로서 열량의 변화를 온도로 나눈 값, 낮은 온도보다 높은 온도에서 분자의 활동이 자유분방해 짐을 착안하여 자연과학뿐 아니라 사회과학에서도

무질서도의 측정개념으로 사용되고 있음

[**간섭효과**interference effect] 빛이나 소리 등 파동이 서로 겹쳐져서 작용하여 강해지거나 약해지는 현상을 간섭효과interference effect라고 하며, 강해지는 보강간섭constructive interference과 약해지는 상쇄간섭destructive interference으로 구분함

성경은 믿음과 소망과 사랑은 이 세상 끝까지 영원하다고 말씀하십니다. 과학은 열역학thermodynamics 제1 법칙을 통해 태초에 주어진 에너지의 총량은 보존이 되지만 열역학 제2 법칙에 의해 그 에너지 중 일로 전환될 수 없는 무용한 에너지인 엔트로피entropy가 계속 증가하게 되고 더 이상 엔트로피가 증가할 수 없는 상태에서 모든 역사가 멈춘다는 통찰력을 제시합니다. 성경적 우주관과 엔트로피적 우주관을 함께 겹쳐서 보게 되면 믿음과 소망과 사랑과 엔트로피가 이 세상 끝까지 공존하면서 어떤 기능을 하고 있을 것입니다.

믿음과 소망과 사랑은 공교롭게도 '믿음의 힘', '소망의 힘', '사랑의 힘'으로 변환될 수 있는 추상명사들입니다. 엔돌핀endorphin을 만들어내는 '기쁨의 힘', 도파민dopamine을 만들어내는 '평화의 힘' 등 추상명사의 힘은 과학적으로도 증명이 되

고 있습니다.

　필자는 성경에서 기쁨이나 평화 등 다른 추상명사와는 구분하여 믿음과 소망과 사랑은 영원하다고 하신 것에 대한 하나의 통찰을 얻었습니다. 그것은 '믿음의 힘', '소망의 힘', '사랑의 힘'은 사람과 영원하신 하나님과의 직접적 관계에서 발생하는 선한 에너지이기 때문 같습니다. 필자는 '예수님을 믿고', '천국을 소망하고', '하나님과 이웃을 사랑한다면' 하나님께서 그런 사람들을 위해 세상에 새로운 엔탈피enthalpy를 계속 공급하신다는 뜻으로 이해합니다.

　육체가 건강하면 입맛도 좋고 좋은 음식을 많이 먹을 수 있습니다. 반대로 좋은 음식을 먹으면 지친 육체가 회복되고 건강해지기도 합니다. 건강한 육체와 좋은 음식 사이의 당기는 작용과 좋은 음식이 지친 몸을 보충하는 보강작용처럼, 믿음과 소망과 사랑과 '하나님의 엔탈피' 사이에는 당기거나 보강하는 좋은 상호작용이 존재할 수 있습니다. 이렇게 하나님께서 주시는 새롭고 좋은 엔탈피의 증가는 우주를 무질서하고 혼탁하게 만드는 엔트로피의 증가와 서로 상쇄간섭destructive interference 효과를 만들 것이라는 상상이 가능해집니다.

[마태복음 24:36] 그러나 그날과 그때는 아무도 모르나니 하나님의 천사들도, 아들도 모르고 오직 아버지만 아시느니라

[마태복음 28:20] 내가 세상 끝날까지 너희와 항상 함께 있으리라 하시니라

[베드로후서 3:15] 또 우리 주의 오래 참으심이 구원이 될 줄로 여기라

이와 같이 필자는 엔탈피와 엔트로피 사이에 파동의 상쇄간섭destructive interference이 일어나면서 우주계의 가용에너지양이 조율될 수 있음을 통찰합니다. 믿음과 소망과 사랑의 엔탈피는 우주의 생명력을 연장시키는 하나님께서 주시는 최고의 갱신에너지renewal energy가 되는 것입니다. 엔트로피로 시간을 설명하려는 과학자들은 엔트로피가 가득 차서 더 이상 증가하지 못하는 때가 우주와 시간과 역사의 끝이라는 생각을 주장합니다. 그러나 성경의 마태복음 24장은 이러한 과학자들의 주장에 대하여 결코 그럴 수 없고 세상의 끝은 오직 하나님만이 알 수 있다고 말씀하고 계십니다. 또, 오래 참으시면서 세상 마지막 날까지 항상 함께 계실 것이라고 말씀하십니다. 필자의 상상력 안에서는 하나님께서 마지막 날까지 '엔트로피entropy의 증가'에 대조되는 '선한 엔탈피enthalpy'를 계속하여 공급하고 계신 듯합니다.

통찰

21

성령님이 생각나게 하신다

: 성령님의 광전효과Photoelectric Effect

[로마서 1:20] 창세로부터 그의 보이지 아니하는 것들 곧 그의 영
원하신 능력과 신성이 그가 만드신 만물에 분명히 보
여 알려졌나니 그러므로 그들이 핑계하지 못할지니라

[요한복음 14:26] 보혜사 곧 아버지께서 내 이름으로 보내실 성
령 그가 너희에게 모든 것을 가르치고 내가 너희에게
말한 모든 것을 생각나게 하리라

[**광전효과**photoelectric effect] 빛의 입자성으로 인해 빛에 맞은 물
체의 전자가 튕겨 나오는 현상으로서, 알버트 아인슈타인이 최
초로 발견하여 노벨 물리학상을 수상함

[**아이오닉**ionic] 일반적으로 물질의 작용이 전자를 기반으로 하는 것과 대조적으로 인체 내의 생리 작용은 주로 이온을 기반으로 하고 있음

요한복음은 14장에서 예수님께서는 예수님의 승천 이후에 오시게 될 보혜사 성령the Holy Spirit님이 제자들을 가르치시고, 예수님께서 제자들에게 말씀하신 모든 것들을 생각나게 하실 것이라고 말씀하셨습니다. 성령the Holy Spirit은 이름에서부터 '영spirit'이라는 것을 분명히 하고 계시는데 과연 '영spirit'은 어떻게 제자들을 가르치시고 생각나게 하시는 것일까요? 차라리 천사처럼 육체를 입고 잠시 현현하는 것이라면 오히려 이해가 쉬운데 말입니다.

인체의 감각기관과 신경세포와 뇌작용은 전자와 아이오닉 ionic에 기반하여 상호작용하고 있다는 것은 이미 과학적으로 증명이 된 사실입니다. 여기에서 아인슈타인에게 노벨상을 안겨 준 광전효과photoelectric effect의 메커니즘mechanism을 차용해 보겠습니다. 빛의 입자인 광자photon가 물질에 흡수된 후 광자보다 약한 에너지의 전자electron와 충돌하게 되면 광자의 에너지를 얻은 전자, 즉 광전자photoelectron가 원자결합으로부터 자

유롭게 방출되는 것이 광전효과photoelectric effect입니다. 광전효과는 반도체의 일종인 광 다이오드diode를 통해 각종 탐지기detector, 센서sensor, 디지털 광학기기optical instrument, 광통신optical communication 등으로 유용하고 선하게 사용되고 있습니다. 빛이 때리는 전자를 부지런히 축전해서 에너지를 만드는 것은 태양광 에너지의 원리입니다.

광전효과가 탐지, 센서, 통신 등 정보전달과 긴밀하게 관련되어 있음을 알 수 있습니다. 탐지, 센서, 통신은 사람의 신체에서는 감각기관과 인지기관의 기능들입니다.

[창세기 1:3] 하나님이 이르시되 빛이 있으라 하시니 빛이 있었고

[요한복음 1:9] 참 빛 곧 세상에 와서 각 사람에게 비추는 빛이 있었나니

[요한일서 1:5] 곧 하나님은 빛이시라

[고린도전서 3:16] 너희는 너희가 하느님의 성전인 것과 하나님의 성령이 너희 안에 계시는 것을 알지 못하느냐

[고린도전서 3:17] 누구든지 하느님의 성전을 더럽히면 하나님이 그 사람을 멸하시리라 하나님의 성전은 거룩하니 너희도 그러하니라

「통찰 02」에서 서술한 바와 같이 성경에 의하면 하나님은 빛이십니다. 성령님은 삼위일체trinity 하나님이십니다. 고린도전서에서는 빛이신 성령님께서 우리 크리스천들의 몸 안에 내주하신다고 말씀하십니다. 빛이신 하나님께서는 누구보다 광전효과photoelectric effect를 잘 알고 계실 것입니다. 요한복음의 "내 이름으로 보내실 성령 그가 너희에게 모든 것을 가르치고 내가 너희에게 말한 모든 것을 생각나게 하리라"는 말씀은 어쩌면 하나님께서 우리 몸 안에서 일으키시는 번뜩 생각나게 하는 광전효과photoelectric effect를 연상케 해주십니다.

통찰

22

몬테 카를로 시뮬레이션^{Monte Carlo simulation} 탈출법

: 나의 미래는 내가 알 수 있는 이유

[예레미야 18:6] 이스라엘 족속아 진흙이 토기장이의 손에 있음 같이 너희가 내 손에 있느니라

[전도서 8:7] 사람이 장래 일을 알지 못하나니 장래 일을 가르칠 자가 누구이랴

[**몬테카를로 시뮬레이션**Monte carlo simulation] 동명의 카지노에서 따온 이름으로 불확실성과 위험을 극복하기 위해서 확률적으로 접근하는 통계학적 의사결정 방법론

성경의 예레미야에서 토기장이이신 하나님은 토기인 사람의 모든 것을 알고 계시고 또 결정하실 수 있다고 비유하십니다. 반면 전도서에서는 사람은 미래를 알 수 없게 하셨다고 선언하십니다. 사람은 자유의지free will를 부여받았지만, 그 자유의지에 대한 미래의 결과도 알 수 없고, 모든 것이 불확실하며 비결정적undetermined 상태인 것입니다.

사람은 불확실한 변수 때문에 모든 일에 리스크risk도 고려해야 하고, 확률probability도 고려하여야 합니다. 불확실성uncertainty, 리스크risk, 확률probability 등을 고려하여 시나리오scenario별 최적의 의사결정을 시도하는 분석기법이 몬테 카를로 시뮬레이션Monte carlo simulation입니다.

몬테 카를로 시뮬레이션을 사용하는 것은 상당히 과학적이고 합리적이며 미래 예측력도 높일 수 있습니다. 그러나 하나님께서는 다 아신다고 하는데 피조물이라는 이유로 미래에 대하여 번번이 확률분포probability distribution적 어프로치approach를 해야만 하는 것은 사람 입장에서는 조금 억울할 수도 있을 것 같습니다.

[민수기 14:28] 그들에게 이르기를 여호와의 말씀에 내 삶을 두고 맹세하노라 너희 말이 내 귀에 들린 대로 내가 너희에게 행하리니

[예레미야 33:3] 너희가 내게 부르짖으면 내가 네게 응답하겠고 네가 알지 못하는 크고 은밀한 일을 내게 보이리라

그렇다면 '자신의 미래를 알 수 있는 방법은 전혀 없는 것일까요?' '아니오! 있습니다.' 성경 민수기에서 하나님께서는 분명히 말씀하고 계십니다. "너희 말이 내 귀에 들리는 대로 내가 행하리니"라고 말씀하십니다. 자신이 좋은 말과 긍정적인 말을 하면 자신에게 좋은 미래가 열리고, 반대의 경우는 반대의 미래가 열릴 수 있는 것입니다. 그러므로 자신의 미래를 자신이 알 수 있는 것이 됩니다. 더욱이 예레미야 선지자를 통해서는 하나님께 부르짖는다면 우리가 알지 못하는 크고 은밀한 일까지도 보여주신다고 약속하십니다.

필자는 몬테 카를로 시뮬레이션과 민수기의 하나님께 들리게 하는 방법, 즉 사람의 기도pray 간의 협업collaboration을 제안합니다. 이 협업은 '과학과 성경 사이'의 그리고 '이성reason과 신앙belief 사이'의 서로가 서로를 인정해 주는 협업으로서

사람이 자신의 가장 좋은 미래를 제작할 수 있는 베스트 조합 combination이자 베스트 솔루션solution이 될 수 있을 것입니다.

통찰

23

플랫폼platform 역학관계dynamics relation

: 너는 내 안에 나는 네 안에 있다

[요한복음 15:1] 내가 참 포도나무요 내 아버지는 그 농부라

[요한복음 15:5] 나는 포도나무요 너희는 가지니 저가 내 안에

내가 저 안에 있으면 이 사람은 과실을 많이 맺나니

나를 떠나서는 너희가 아무것도 할 수 없음이라

요한복음 15장의 포도나무 비유를 읽어보면 논리적logical이고 연역적deductive입니다. 농부와 나무와 가지의 관계입니다. 농부가 잘 돌보는 건강한 나무는 뿌리를 이용해서 얻는 물과 영양을 가지까지 잘 전달해 주고, 가지는 잎을 이용해서 광합성photosynthesis을 잘할 것입니다. 농부의 도움 속에 나무와 가지가 잘 소통하고 역할을 해냄으로써, 수확하게 되는 많은 열

매는 농부의 성과, 나무의 성과인 동시에 가지의 성과가 되는 것입니다. 그렇기 때문에 농부와 포도나무 비유는 성경의 공동체적 가치관으로서도 어떠한 논리적 모순을 찾아볼 수가 없습니다.

> [요한복음 14:10] 내가 아버지 안에 거하고 아버지는 내 안에 계신 것을 네가 믿지 아니하느냐
>
> [요한복음 14:20] 그날에 내가 아버지 안에, 너희가 내 안에, 내가 너희 안에 있는 것을 너희가 알리라

[플랫폼platform] 제공자와 사용자가 만날 수 있는 장소 개념인 동시에 역할 관계 구조의 단위 개념

[모빌리티mobility] 현대의 이동성과 신속성의 가치를 기반으로 하는 사회 시스템과 그 시스템을 구성하는 제품, 서비스 등을 총칭하는 말

그런데 요한복음 14장의 말씀들은 15장의 포도나무 비유와 비슷한 듯하지만, 논리적 결이 다르게 느껴집니다. '내가 아버지 안에, 너희가 내 안에, 내가 너희 안에 있는 것'의 관계를 설

명할 수 있는 수학이나 기하학의 상태는 뫼비우스의 띠Mobius strip 또는 교집합intersection 또는 합동equivalence인 경우에만 가능합니다. 그런데 요한복음 14장의 말씀들에 부가된 "믿지 아니하느냐", "그날에 … 너희가 알리라" 등의 표현이 주는 '깨달음이 쉽지 않고 지연되는 것 같은 어감'에서 수월하게 일부만 서로 공유할 수 있는 뫼비우스의 띠나 교집합보다는 완전하게 하나가 되는 합동의 상태를 의미하는 것처럼 느껴집니다.

영원히 유지하기는 어렵지만, 사랑하는 사람들 사이에서는 서로가 서로 안에 있는 상태가 가능하긴 합니다. 경우에 따라서는 한마음으로 합동이 되기도 합니다.

그런데 필자는 요한복음 14장의 말씀이 단순히 '사랑하는 관계 사이의 하나 되는 상태를 묘사하는 것' 그 이상의 다른 의미부여가 가능할 것 같다는 생각이 들었습니다.

성경론자이든 과학론자이든 양자과학의 발달이 현재까지 상용화시킨 최고의 위대한 퍼포먼스performance는 디지털digital 혁명이며, 그 근간에 반도체가 있음을 부인하는 사람은 아무도 없을 것입니다. '귀신이 있더라도 디지털 시대에 다 도망갔을 거야.'라고 생각하는 사람도 있을 것입니다. 반대로 일각에서는 '반도체의 성질을 보면 물질세계가 전부는 아닐 거야.' 하고 생각하는 사람도 있을 것입니다. 그러나 상반된 생각을 하는 양쪽 모두 반도체 자체의 성과를 무시하는 쪽은 결코 없을 것이라는 의미입니다.

필자가 요한복음 14장에서 디지털과 반도체를 연상하는 이유는 디지털이어서 가능하게 된 역학관계dynamic relation들이 존재하기 때문입니다.

'온라인on-line' vs '오프라인off-line' 또는 '사이버cyber' vs '리얼리티reality'는 더 이상 의미 구분의 관계가 아닙니다. 사랑하는 A와 B라는 연인 사이에 A는 B의 연인, B는 A의 연인인 관계가 자연스러운 것은 A와 B는 사람이라는 태생도 같고 본질도 같기 때문입니다. 그러나 태생과 본질이 다른 '온라인 vs 오프라인' 또는 '사이버 vs 리얼리티'가 사랑하는 연인 사이의 역학관계와 비슷한 역학관계를 이룰 수 있다는 것은 과거에는 어려운 상상이었습니다. 온라인은 온라인만의 역할이 있고 오프라인은 오프라인만의 역할 속에 상호보완성이 있다고 생각하는 것이 전부였습니다. 사이버와 리얼리티도 마찬가지입니다.

그러나 지금은 이들 사이에 새로운 의미나 관계가 생겼습니다. 지금은 온라인에 있는 모든 것이 오프라인에도 존재하고, 오프라인에 있는 모든 것이 온라인에도 존재합니다. 예를 들어 어떤 사람들은 온라인에서 실컷 구경을 하고 난 다음에 동일 상품의 실제 구매는 오프라인에서 합니다. 반대로 또 어떤 사람들은 오프라인에서 실물을 보고 의사결정을 한 이후에 동일 상품을 온라인에서 구매합니다. 태생과 본질이 다른 '온라인'과 '오프라인'이 서로가 서로에게 동일한 존재와 대상이 되어주는 과거에는 없었던 새로운 역학관계가 만들어진 것입니다. '사이버 vs 리얼리티'의 관계도 마찬가지입니다. 실재하는 공간과 가상공간을 넘나드는 유비쿼터스Ubiquitous 환경이 언제 어디서든 가능합니다. '실재를 위해 가상이 존재하는지', '가상을 위해 실재가 있는 것인지' 그 구분과 경계가 모호한 관계가 만들어진 것입니다.

더 나아가 디지털은 갑이면서 을인 관계, 고용이면서 피고용의 관계, 정보제공자이면서 정보사용자인 관계 등 과거의 네트워크network에서는 존재하지 않던 역학관계의 형성을 가능하게 했습니다. 기존의 양태론modalism이나 상호 보완적 관계를 말하고 있는 것이 아닙니다.

필자는 과거에는 존재하지 않았던 모바일 어플리케이션mobile application에 의해서 새롭게 형성된 플랫폼platform형 관계를 말하고 있습니다. 이런 관계는 스마트smart 사회의 특징이기도 한데, 예를 들어 A가 한쪽에서 GPSGlobal Positioning System나 내비게이션Navigation으로 교통정보를 이용하고 있는 것 같지만, 동시에 A의 위치 정보가 데이터화 되어 다른 곳에서 동시에 사용되고 있는 관계입니다. 하나의 정보가 사용하려는 데이터와 제공하려는 데이터에 동시에 측정되는 모빌리티mobility 기반의 관계를 말하는 것입니다.

요한복음 14장 '너희가 내 안에, 내가 너희 안에 있는 것'의 의미가 기존의 정서적 또는 신앙적인 해석을 넘어, 현대의 디지털digital과 플랫폼platform 그리고 모빌리티mobility 환경에서 가능해진 '역동적이고 혁명적이고 새로운 동시적 롤-플레이Role-Play 의미관계'로서 하나님과 크리스천 사이의 관계묘사를 위해 확대, 재해석될 수 있는 것입니다.

통찰

24

에필로그^{Epilogue}

: 성경에서 암흑에너지Dark Energy까지

    AI 로봇과 Chat GPT, 스마트시티, 플랫폼 현상 등 사회와 사물의 인공지능화에 따라 '누가 사람인지', '누가 주인인지', '기버 앤 테이커giver and taker'의 개념 구분과 영역 구분이 모호합니다.

    인공지능Artificial Intelligence은 사람의 뇌를. 센서sensor는 사람의 감각기관을 모티브motive로 합니다. 인공지능과 센서만 있으면 사물들도 사람을 모방할 수 있습니다. 인공지능과 센서를 갖고 있는 두 사물이 있다고 가정해 보겠습니다. 두 사물은 서로 상호작용, 정보작용을 하면서 사람의 의사소통을 모방합니다.

그러나 정작 제3자인 사람이 자기들에게 에너지를 공급하고 있음은 인지하지 못합니다. 알고리즘에 의해 충전해 달라고 신호를 보내거나 전원을 찾아갈 수는 있겠지만, 근본적으로 에너지를 공급해 주는 주체는 사람입니다.

조금 더 단순한 비유를 들어보겠습니다. 컴퓨터 본체하드와 모니터가 연결되어 있고 본체의 전원 버튼을 누르면 모니터도 켜집니다. 컴퓨터를 끌 때는 모니터의 화면에서 '전원 끄기'를 클릭하여 끌 수 있습니다. 모니터를 켜는 것이 본체하드이고, 본체를 끄는 것이 모니터라는 직관은 틀린 것은 아닙니다. 그러나 근본적이지는 못합니다. 켜고 끄는 것은 당사자인 본체와 모니터가 아니라 제3자인 사람인 것입니다.

사물 대 사물의 관계 위에 사람이 있듯이 사람과 사람의 관계, 즉 인간의 세계 이상에서는 무엇이 작용하는지에 대한 통찰의 질문이 성경과 과학 사이에 존재하고 있습니다.

이 질문에 대한 해답을 양자역학quantum dynamics과 양자천문학quantum astronomy 등 과학의 영역에서는 전자를 비롯한 여러 양자의 세계에서 찾으려고 하고 있습니다. 양자는 정보이며,

이 정보만 정확히 알고 있으면 양자들의 조합에 의해서 삼라만상을 설명할 수 있다는 우주관입니다. 과학은 정보를 담은 양자의 움직임이나 결합이 에너지이며, 불균형이 깨지면서 생성되는 힉스hicks나 우연한 창발현상emergent phenomena 등에 의해 질량mass화 되거나 나아가 유기체organism화까지도 가능하다는 통찰을 제시합니다.

[창세기 1:2] 땅이 혼돈하고 공허하여 흑암이 깊음 위에 있고 하나님의 영은 수면 위에 운행하시니라

———

[암흑물질] 빅뱅이론 상에 존재하지만 우주의 표준모형으로는 설명이 불가능한 물질이며, 우주의 중력수축에 의한 별의 신생이나 별의 위치 고정을 가능하게 하는 질량을 갖고 있는 어두운 물질로 추정

[암흑에너지] 빅뱅이론 상에 존재하지만 우주의 표준모형으로는 설명이 불가능한 질량이 없는 에너지이며, 우주 팽창을 가능하게 하는 어두운 에너지로 추정

[허블우주망원경Hubble Space Telescope, HST] 1990년 나사NASA가 지구 대기권에 띄운 위성 자체가 렌즈인 우주망원경, 천문물리

학자 허블의 이름에서 따옴

[제임스 웹 우주망원경 James Webb Space Telescope, JWST**]** 2022년에 나사NASA가 지구에서 150만km 떨어진 대기권 밖으로 쏘아 올린 최신의 우주망원경이며 적외선 관측으로 허블보다 더 먼 우주의 관측이 가능, 케네디 행정부에서 공로가 큰 NASA 장관이었던 제임스 에드윈 웨브James Edwin webb의 이름에서 따옴

[첫 언급효과first mention effect**]** 먼저 제시된 정보를 중심으로 표상의 기초를 형성하게 되는 효과, 초두효과Primary effect라고도 함

한편 수천 년 전에 기록된 성경은 창세기 1장 2절에서 빛이 창조되기 전에 우주의 배경에는 흑암과 물이 있었음을 분명히 알리고 있습니다. 미국의 사울 펄무터Saul Perlmutter, 브라이언 슈미트Brian Schmidt, 아담 리스Adam Riess 등 3인의 천체 물리학자들이 폭발과 함께 엄청난 에너지를 방출하는 초신성supernova 연구를 통해 우주 팽창이 가속화됨을 발견하였습니다. 이에 초신성이나 우주 팽창의 배경이 되는 암흑물질dark matter과 암흑에너지dark energy의 존재를 알린 공로가 인정되어 이들 3인은 노벨 물리학상을 받았습니다. 과학자들은 암흑물질을 우주의 중력 수축에 의한 별의 신생이나 별의 위치 고정을 이론적으로 설명할 수 있게 하는 질량을 갖고 있는 어두

운 물질로 추정하고 있습니다. 또한, 암흑에너지는 우주 팽창을 가능하게 하는 어두운 에너지로 추정되고 있습니다. 이제 현재의 과학자들은 빅뱅과 별의 생성에 앞서 그 바탕이 된 암흑시대dark age가 먼저 있었음을 공식적으로 인정하고 있는 모습입니다.

한편 2021년에 나사NASA가 쏘아 올린 제임스 웹 우주망원경 JWST은 수증기로 가득한 미니 해왕성의 대기를 관측하는 데 성공했습니다. 이에 고무된 천체물리학자들은 생물이 살 수 있는 일종의 물의 형태가 존재하는 우주의 골디락스존Goldilocks Zone을 찾아내려고 주야로 분투하고 있습니다.

종합해 보면 과학이 인정을 하든지 하지 않든지 간에 우주에 대한 설명에 있어서 흑암과 물의 존재를 창세기에서 먼저 언급한 성경이 과학보다 수천 년을 앞서고 있음은 분명해 보입니다. 먼저 제시된 정보를 중심으로 표상image의 기초를 형성하게 해 주는 첫 언급효과first mention effect의 프리미엄premium이 성경에 있는 것입니다.

[욥기 38:21] 네가 아마도 알리라 네가 그때에 태어났으니 너의

햇수가 많음이니라

[다니엘 12:4] 다니엘아 마지막 때까지 이 말을 간수하고 이 글을 봉함하라 많은 사람이 빨리 왕래하며 지식이 더하리라

[민수기 23:19] 하나님은 인생이 아니시니 식언치 않으시고

[고린도전서 13:12] 우리가 지금은 거울로 보는 것 같이 희미하나 그때에는 얼굴과 얼굴을 대하여 볼 것이요 지금은 내가 부분적으로 아나 그때에는 주께서 나를 아신 것 같이 온전히 알리라

우주의 본질을 물질로써 설명하려 했던 원자의 아버지 리처드 파인만Richard Feynman이나 상대성이론의 아인슈타인과 같은 위대한 물리학자들도, 물질로는 설명이 되지 않는 암흑물질dark matter과 암흑에너지dark energy의 존재를 그들의 생애에는 상상조차 하지 못했습니다. 암흑물질과 암흑에너지의 존재를 알린 사울 펄무터, 브라이언 슈미트, 아담 리스 등 3인에게 주어진 노벨상은 2011년에 이루어졌습니다. 성경의 말씀들은 인간의 과학이나 지식이 한순간에 이루어질 수는 없으나 시간이 쌓이면서 발전해 나가게 됨을 예언하고 있습니다.

[욥기 37:23] 전능자를 우리가 찾을 수 없나니 그는 권능이 지
　　　　　　극히 크사 정의나 무한한 공의를 굽히지 아니하심이
　　　　　　니라

　전능자를 우리가 찾을 수 없다는 성경 욥기의 말씀은 펄무
터, 슈미트, 리스의 발견처럼 우주가 가속적으로 팽창을 한다
면 우주 밖의 하나님은 그 팽창만큼 지구와 더 멀어진다는 점
에서 과학과 공유하는 부분이 있습니다. 그러나 이것은 무한한
개척의 가능성이 인간과 과학에 열려있지만, 어쩌면 영원히 극
복하기 어려운 한계성 또한 여전함을 의미합니다.

[이사야 40:26] 너희는 눈을 들어 누가 이 모든 것을 창조하였나
　　　　　　　보라
[로마서 1:20] 창세로부터 그의 보이지 아니하는 것들 곧 그의 영
　　　　　　　원하신 능력과 신성이 그가 만드신 만물에 분명히 보
　　　　　　　여 알려졌나니 그러므로 그들이 핑계하지 못할지니라
[히브리서 11:3] 믿음으로 모든 세계가 하나님 말씀으로 지어진
　　　　　　　　줄을 우리가 아나니 보이는 것은 나타난 것으로 말미
　　　　　　　　암아 된 것이 아니니라

[**최신 효과**recency effect] 최신에 들어온 정보가 인상image이나 기억에 더 큰 영향을 준다는 심리학상의 용어

[**프로토콜**protocol] 상호 간 원활한 데이터의 주고받음을 위해 약속된 소통 규범이나 규약

과학자들은 눈으로 볼 수 있는 천연 세계에서 인과관계cause and effect를 설명할 수 있는 것들만을 인정하려 하는 또 하나의 의미의 자연주의naturalism를 표방합니다. 성경 로마서에서는 하나님의 신성이 창조하신 만물에 분명히 나타나 있다고 말씀하십니다. 하나님을 부정하는 과학자들이 만물을 다 보게 된다면 하나님을 인정하게 될까요?

과학자들 스스로도 빛이 생기기 전인 빅뱅 이전에는 무엇이 있었는지는 알 수 없다고 인정합니다. 또한, 과학자들은 만유인력, 상대성 이론, 양자와 블랙홀 등 표준모형Standard Model으로 설명이 가능한 우주는 전체 우주의 5%밖에 되지 않는다고 시인합니다.

분광기spectroscope와 빛의 스펙트럼spectrum으로 추정하는

먼 우주에 대한 연구와 화성 등 별의 실제 탐사에 의한 연구는 상반되는 결과를 도출하기도 합니다. 가장 최근의 우주망원경인 제임스 웹 우주망원경JWST이 관측한 초기 우주의 은하galaxy는 그동안 허블우주망원경이 찾아내고 컴퓨터 시뮬레이션으로 추정해냈던 우주의 모습과 많은 차이가 있습니다. 또한, JWST가 지금의 관측 속도로 우주 전체를 관측하기 위해서는 2만 년이 걸릴 만큼 우주의 크기는 상상을 초월합니다.

과학은 '최신 효과recency effect'의 업데이트update를 반복하고 있습니다. 새로이 관측되는 것들과 기존에 믿었던 것들과의 괴리gap를 보정해야만 합니다. 이를 위해 천문학자astronomer나 물리학자physicist들은 기존의 이론과 짜 맞추기를 할 방법을 찾아내든지 또는 새로운 이론을 도출해야만 하는 난제에 봉착해 있습니다.

시간이 지나 잘못된 것으로 밝혀지는 지식과 과학과 정보가 넘칩니다. '내일'을 잡으려고 24시간을 달려 쫓아가도 '내일'은 그만큼 또 멀어져 있습니다. 돌아보니 성경에는 '내일'에 대해 암시를 해주는 많은 이야기가 있었습니다.

성경의 첫 언급효과first mention effect가 과학의 '최신 효과

recency effect'에 의해 훼손되는 경우는 아직까지 나타나지 않고 있습니다. 필자는 지금도 '모든 것의 이론Theory of Everything'을 찾기 위해 분주한 과학자들에게 앞으로는 성경과의 협업collaboration을 선택하면 어떨까 제안합니다.

성경과 과학 간에 서로 소통데이터를 주고받을 수 있는 프로토콜protocol이 필요해 보입니다. 성경은 과학에, 과학은 성경에 이렇게 다시 묻습니다.

어떻게 알았고, 누구의 통찰인가?

What perspective? Whose insight?

APPENDIX:

필자에게 통찰을 주신 성경 말씀들

(저작권 소유자인 대한성서공회로부터 허락을 득하고 개역개정판 일부를 인용함)

＊

[창세기 1:1] 태초에 하나님이 천지를 창조하시니라

[창세기 1:2] 땅이 혼돈하고 공허하여 흑암이 깊음 위에 있고 하나님의 영은 수면 위에 운행하시니라

[창세기 1:3] 하나님이 이르시되 빛이 있으라 하시니 빛이 있었고

[창세기 1:14] 하나님이 이르시되 하늘의 궁창에 광명체들이 있어 낮과 밤을 나뉘게 하고 그것들로 징조와 계절과 날과 해를 이루게 하라

[창세기 1:17] 아담에게 이르시되 네가 네 아내의 말을 듣고 내가 네게 먹지 말라 한 나무의 열매를 먹었은즉 땅은 너로 말미암아 저주를 받고 너는 네 평생에 수고하여야 그 소산을 먹으리라

[창세기 1:19] 내가 흙으로 돌아갈 때까지 얼굴에 땀을 흘려야 먹을 것을 먹으리니 네가 그것에서 취함을 입었음이라

[창세기 1:21] 하나님이 큰 물고기와 물에서 번성하여 움직이는 모든 생물을 그 종류대로, 날개 있는 모든 새를 그 종류대로 창조하시니 하나님의 보시기에 좋았더라

[창세기 6:6] 땅 위에 사람 지으셨음을 한탄하사 마음에 근심하시고

[창세기 11:4] 성읍과 탑을 건설하여 그 탑 꼭대기를 하늘에 닿게 하여 우리 이름을 내고

*

[출애굽기 2:3] 더 숨길 수 없게 되매 그를 위하여 갈대 상자를 가져다가 역청과 나무 진을 칠하고 아기를 거기 담아 나일 강 가 갈대 사이에 두고

[출애굽기 17:11] 모세가 손을 들면 이스라엘이 이기고 손을 내리면 아말렉이 이기더니

*

[여호수아 10:12] 태양이 머물고 달이 멈추기를 백성이 그 대적에게 원수를 갚기까지 하였느니라 야살의 책에 태양

이 중천에 머물러서 거의 종일토록 속히 내려가지 아
니하였다고 기록되지 아니하였느냐

*

[신명기 33:24] 아셀에 대하여는 일렀으되 아셀은 아들들 중에
더 복을 받으며 그의 형제에게 기쁨이 되며 그의 발
이 기름에 잠길지로다

*

[민수기 23:19] 하나님은 인생이 아니시니 식언치 않으시고

[민수기 14:28] 그들에게 이르기를 여호와의 말씀에 내 삶을 두
고 맹세하노라 너희 말이 내 귀에 들린 대로 내가 너
희에게 행하리니

*

[사무엘상 16:7] 내가 보는 것은 사람과 같지 아니하니 사람은 외
모를 보거니와 나 여호와는 중심을 보느니라 하시더라

*

[욥기 37:23] 전능자를 우리가 찾을 수 없나니 그는 권능이 지극

히 크사 정의나 무한한 공의를 굽히지 아니하심이니라

[욥기 37:24] 그는 스스로 지혜롭다 하는 모든 자를 무시하시느
니라

[욥기 38:21] 네가 아마도 알리라 네가 그때에 태어났으니 너의
햇수가 많음이니라

＊

[시편 8:4] 사람이 무엇이기에 주께서 그를 생각하시며 인자가 무
엇이기에 주께서 그를 돌보시나이까 그를 하나님보다
조금 못하게 하시고 영화와 존귀로 관을 씌우셨나이다

[시편 127:1] 여호와께서 집을 세우지 아니하시면 세우는 자의
수고가 헛되며

＊

[잠언 16:2] 사람의 행위가 자기 보기에는 모두 깨끗하여도 여
호와는 심령을 감찰하시는도다

＊

[전도서 8:7] 사람이 장래 일을 알지 못하나니 장래 일을 가르
칠 자가 누구이랴

*

[이사야 38:8] 보라 아하스의 해시계에 나아갔던 해 그림자를 뒤로 십도를 물러나게 하리라 하셨다 하라 하시더니 해시계에 나아갔던 해의 그림자가 십도를 물러가니라

[이사야 40:26] 너희는 눈을 들어 누가 이 모든 것을 창조하였나 보라

[이사야 45:9] 질그릇 조각 중 한 조각 같은 자가 자기를 지으신 이와 더불어 다툴진대 화 있을진저 진흙이 토기장이 에게 너는 무엇을 만드느냐 또는 네가 만든 것이 그 는 손이 없다 할 수 있겠느냐

*

[예레미야 18:6] 이스라엘 족속아 진흙이 토기장이의 손에 있음 같이 너희가 내 손에 있느니라

[예레미야 33:3] 너희가 내게 부르짖으면 내가 네게 응답하겠고 네가 알지 못하는 크고 은밀한 일을 내게 보이리라

*

[에스겔 11:19] 내가 그들에게 일치한 마음을 주고 그 속에 새 신을 주며 그 몸에서 굳은 마음을 제하고 부드러운

마음을 주어서

[에스겔 40:4] 그 사람이 내게 이르되 인자야 내가 네게 보이는
이것을 눈으로 보고 귀로 들으며 네 마음으로 생각할
지어다 내가 이것을 네게 보이려고 이리로 데리고 왔
나니 너는 본 것을 다 이스라엘 족속에게 전할지어다
하더라

＊

[다니엘 12:4] 다니엘아 마지막 때까지 이 말을 간수하고 이 글을
봉함하라 많은 사람이 빨리 왕래하며 지식이 더하리라

＊

[아모스 3:7] 주 여호와께서는 자기의 비밀을 그 종 선지자들에
게 보이지 아니하시고는 결코 행하심이 없으시리라

＊

[나훔 1:2] 여호와는 질투하시며 보복하시는 하나님이시니라

＊

[스가랴 1:8] 내가 밤에 보니 한 사람이 붉은 말을 타고 골짜기

속 화석류나무 사이에 섰고 그 뒤에는 붉은 말과 자
줏빛 말과 백마가 있기로

＊

[말라기 1:2~3] 내가 야곱은 사랑하였고 에서는 미워하였으며

＊

[마태복음 11:11] 여자가 나은 자 중에 세례 요한보다 큰 이가 일
　　　　어남이 없도다 그러나 천국에서는 지극히 작은 자라
　　　　도 저보다 크니라

[마태복음 19:24][마가복음 10:25][누가복음 18:25] 낙타가 바늘귀로
　　　　들어가는 것이 부자가 하나님의 나라에 들어가는 것
　　　　보다 쉬우니라

[마태복음 19:25][마가복음 10:26][누가복음 18:26] 제자들이 듣고 놀
　　　　라 이르되 그렇다면 누가 구원을 얻을 수 있는가 하니

[마태복음 19:26][마가복음 10:27][누가복음 18:27] 사람으로서는 할
　　　　수 없으나 하나님으로서는 다 하실 수 있느니라

[마태복음 24:36] 그러나 그날과 그때는 아무도 모르나니 하나님의
　　　　천사들도, 아들도 모르고 오직 아버지만 아시느니라

[마태복음 28:20] 내가 세상 끝날까지 너희와 항상 함께 있으리

라 하시니라

＊

[마가복음 9:29] 기도 외에는 다른 것으로는 이런 종류가 나갈
　　　수 없느니라

＊

[누가복음 3:4] 선지자 이사야의 책에 쓴 바 광야에서 외치는
　　　자의 소리가 있어

[누가복음 7:28] 여자가 나은 자 중에 요한보다 큰 이가 없도다
　　　그러나 하나님의 나라에서는 극히 작은 자라도 저보
　　　다 크니라

[누가복음 24:31] 그들이 눈이 밝아져 그인 줄 알아보더니 예수
　　　는 그들에게 보이지 아니하시는지라

[누가복음 24:39] 영은 살과 뼈가 없으되 너희 보는 바와 같이
　　　나는 있느니라

[누가복음 24:43] 받으사 그 앞에서 잡수시더라

＊

[요한복음 1:8] 이 빛에 대하여 증언하러 온 자라

[요한복음 1:9] 참 빛 곧 세상에 와서 각 사람에게 비추는 빛이
      있었나니

[요한복음 1:15] 요한이 그에 대하여 외쳐 이르되 내가 전에 말
      하기를 내 뒤에 오시는 이가 나보다 앞선 것은 나보다
      먼저 계심이라 한 것이 이 사람을 가리킴이라 하니라

[요한복음 1:23] 나는 선지자 이사야의 말과 같이 주의 길을 곧
      게 하라고 광야에서 외치는 자의 소리로라 하니라

[요한복음 1:27] 나는 그의 신발 끈을 풀기도 감당하지 못하겠노
      라 하더라

[요한복음 3:19] 빛이 세상에 왔으되 사람들이 자기 행위가 악하
      므로 빛보다 어둠을 더 사랑한 것이니라

[요한복음 3:20] 악을 행하는 자마다 빛을 미워하여 빛으로 오
      지 아니하나니

[요한복음 5:19] 아들이 아버지의 하시는 일을 보지 않고는 아
      무것도 스스로 할 수 없나니 아버지께서 행하시는 그
      것을 아들도 그와 같이 행하느니라

[요한복음 14:10] 내가 아버지 안에 거하고 아버지는 내 안에 계
      신 것을 네가 믿지 아니하느냐

[요한복음 14:20] 그날에 내가 아버지 안에, 너희가 내 안에, 내
      가 너희 안에 있는 것을 너희가 알리라

[요한복음 15:1] 내가 참 포도나무요 내 아버지는 그 농부라

[요한복음 15:5] 나는 포도나무요 너희는 가지니 저가 내 안에 내가 저 안에 있으면 이 사람은 과실을 많이 맺나니 나를 떠나서는 너희가 아무것도 할 수 없음이라

[요한복음 20:19] 이 날 곧 안식 후 첫날 저녁때에 제자들이 유대인들을 두려워하여 모인 곳의 문들을 닫았더니 예수께서 오사 가운데 서서 이르시되

[요한복음 20:29] 보지 못하고 믿는 자들은 복 되도다

*

[사도행전 17:11] 베뢰아에 있는 사람들은 데살로니가에 있는 사람들보다 더 너그러워서 간절한 마음으로 말씀을 받고 이것이 그러한가 하여 날마다 성경을 상고하므로

*

[로마서 1:20] 창세로부터 그의 보이지 아니하는 것들 곧 그의 영원하신 능력과 신성이 그가 만드신 만물에 분명히 보여 알려졌나니 그러므로 그들이 핑계하지 못할지니라

[로마서 9:18] 그러므로 하고자 하는 자를 긍휼히 여기시고 하고자 하는 자를 완악하게 하시느니라

[로마서 9:21] 토기장이가 진흙 한 덩이로 하나는 귀히 쓸 그릇을, 하나는 천히 쓸 그릇을 만들 권한이 없느냐

*

[고린도전서 3:16] 너희는 너희가 하느님의 성전인 것과 하나님의 성령이 너희 안에 계시는 것을 알지 못하느냐

[고린도전서 3:17] 누구든지 하느님의 성전을 더럽히면 하나님이 그 사람을 멸하시리라 하나님의 성전은 거룩하니 너희도 그러하니라

[고린도전서 12:8] 어떤 사람에게는 성령으로 말미암아 지혜의 말씀을, 어떤 사람에게는 같은 성령을 따라 지식의 말씀을

[고린도전서 12:9] 다른 사람에게는 같은 성령으로 믿음을, 어떤 사람에게는 한 성령으로 병 고치는 은사를

[고린도전서 12:10] 어떤 사람에게는 능력 행함을, 어떤 사람에게는 예언함을, 어떤 사람에게는 영들 분별함을, 다른 사람에게는 각종 방언 말함을, 어떤 사람들에게는 방언들 통역함을 주시나니

[고린도전서 13:10] 온전한 것이 올 때에는 부분적으로 하던 것이 폐하리라

[고린도전서 13:11] 내가 어렸을 때는 말하는 것이 어린아이와

같고 생각하는 것이 어린아이와 같다가 장성한 사람
이 되어서는 어린아이의 일을 버렸노라

[고린도전서 13:12] 우리가 지금은 거울로 보는 것 같이 희미하
나 그때에는 얼굴과 얼굴을 대하여 볼 것이요 지금은
내가 부분적으로 아나 그때에는 주께서 나를 아신
것 같이 온전히 알리라

[고린도전서 13:13] 그런즉 믿음, 소망, 사랑 이 세 가지는 항상
있을 것인데 그 중의 제일은 사랑이라

*

[고린도후서 12:2] 내가 그리스도 안에 있는 한 사람을 아노니
그는 십사 년 전에 셋째 하늘에 이끌려 간 자라

*

[골로새서 2:8] 누가 철학과 헛된 속임수로 너희를 노략할까 주
의하라 이것이 사람의 유전과 세상의 초등학문을 좇
음이요 그리스도를 좇음이 아니니라

*

[데살로니가전서 4:17] 그 후에 우리 살아남은 자들도 그들과 함

께 구름 속으로 끌어 올려 공중에서 주를 영접하게
하시리니 그리하여 우리가 항상 주와 함께 있으리라

*

[디모데후서 3:16] 모든 성경은 하나님의 감동으로 된 것으로

*

[히브리서 4:12] 하나님의 말씀은 살았고 운동력이 있어 좌우에
날선 어떤 검보다도 예리하여 혼과 영과 및 관절과
골수를 찔러 쪼개기까지 하며 또 마음의 생각과 뜻을
감찰하나니
[히브리서 11:1] 믿음은 바라는 것들의 실상이요 보이지 않는 것
들의 증거니
[히브리서 11:3] 믿음으로 모든 세계가 하나님 말씀으로 지어진
줄을 우리가 아나니 보이는 것은 나타난 것으로 말미
암아 된 것이 아니니라

*

[야고보서 1:17] 그는 변함도 없으시고 회전하는 그림자도 없으
시니라

※

[베드로후서 3:8] 사랑하는 자들아 주께는 하루가 천년 같고 천
년이 하루 같은 이 한 가지를 잊지 말라

[베드로후서 3:10] 물질이 뜨거운 불에 풀어지고 땅과 그중에 있
는 모든 일이 드러나리로다

[베드로후서 3:15] 또 우리 주의 오래 참으심이 구원이 될 줄로
여기라

[베드로후서 3:16] 그중에 알기 어려운 것이 더러 있으니 무식한
자들과 굳세지 못한 자들이 다른 성경과 같이 그것을
억지로 풀다가 스스로 멸망에 이르느니라

※

[요한일서 1:5] 곧 하나님은 빛이시라

※

[요한계시록 21:2] 또 내가 보매 거룩한 성 새 예루살렘이 하나
님께로부터 하늘에서 내려오니

※

[주기도문] 뜻이 하늘에서 이루어진 것 같이 땅에서도 이루어
지이다